别为工作小事抓狂

快乐职场人的100个减压良方

[美] 理查德·卡尔森（Richard Carlson）◎著　田园　◎译

廣東省出版集團
广东人民出版社
·广州·

图书在版编目（CIP）数据

别为工作小事抓狂 /（美）理查德·卡尔森著； 田园译 . -- 广州：广东人民出版社，2013.1

ISBN 978-7-218-08199-1

Ⅰ. ①别… Ⅱ . ①理…②田… Ⅲ . ①成功心理－通俗读物 Ⅳ . ① B848.4-49

中国版本图书馆 CIP 数据核字 (2012) 第 242315 号

Biewei gongzuo xiaoshi zhuakuang
别为工作小事抓狂
[美] 理查德·卡尔森 著　　田 园 译

出 版 人：曾　莹

策　　划：中资海派
执行策划：黄　河　桂　林
责任编辑：肖风华　梁　茵
特约编辑：董莹雪　戴圆圆
版式设计：胡方杰
封面设计：张　英

出版发行：广东人民出版社
地　　址：广州市大沙头四马路 10 号（邮政编码：510102）
电　　话：(020) 83798714（总编室）
传　　真：(020) 83780199
网　　址：http：//www. gdpph. com
印　　刷：深圳市华信图文印务有限公司
书　　号：ISBN 978-7-218-08199-1
开　　本：787mm × 1092mm　1/16
印　　张：14
字　　数：206千
版　　次：2013 年 1 月第 1 版　　2013 年 1 月第 1 次印刷
定　　价：29.80元

如发现印装质量问题，影响阅读，请与出版社（020-83795749）联系调换。
售书热线：(020) 83790604　83791487　**邮　购：**(020) 83781421

"不抓狂"系列介绍

史上卖得最快的畅销书

理查德·卡尔森博士&克瑞丝·卡尔森女士的"不抓狂"系列作品
在全美创造了连续两年稳踞排行榜第1名，
连续101周长踞《纽约时报》畅销书榜的历史纪录，
现已狂销2700万册，
有40种译本在135多个国家出版发行。
书中为读者提供了各种简单有效的生活与工作智慧，
帮助大家用更加宽容、自由的心态开创和谐人生。
作为影响了一代人的经典畅销书，
全世界的每一天、每一个角落，
都有人因书中倡导的"不抓狂"哲学而改变生活的态度，
进而改变了一生。

◆ 《别为小事抓狂》

Don't Sweat the Small Stuff... and It's All Small Stuff

◆ 《爱情不抓狂》

Don't Sweat the Small Stuff in Love

- 《青春不抓狂》

  Don't Sweat the Small Stuff for Teens
- 《男人不抓狂》

  Don't Sweat the Small Stuff for Men
- 《别为小事抓狂完全行动手册》

  The Don't Sweat the Small Stuff Workbook
- 《别怕赚不到钱》

  Don't Sweat the Small Stuff about Money
- 《女人不抓狂》

  Don't Sweat the Small Stuff for Women

登录 www.dontsweat.com 和 www.kristinecarlson.com，分享卡尔森夫妇的文章、访谈、博客和视频资料，以及更多图书信息。

趣味测试

哪种职场减压方式更适合你？

你接受朋友的邀请，一起乘船出海去玩。当天天气很好，天空非常晴朗，你的心情也很愉快。你们在海上钓了一阵子鱼之后，决定先暂时休息一下。于是你们便把锚抛下，在海上预定停留两个小时左右。这时候，你觉得你会选择在哪里休息呢？

A. 到船的最上层去。

B. 到船头的甲板上去。

C. 到船舱里面去。

D. 到船尾去。

结果分析：

A．你很在意在别人面前的表现。你可以去吃吃自己喜欢的食物或是逛街买买东西，都可能转变你的心情。心情好，你的工作就会进行得非常顺畅。

B．在你心底深处，一直都有“想要到外地去旅行”的念头。建议你不妨到国外走走，或是泡泡温泉也不错。如果这两样暂时都没办法实现，那去看海也是很好的解除压力的方法。

C．当你感到郁闷或是心情黯淡的时候，不妨以你为中心办一个聚餐或唱唱卡拉 OK。在朋友们面前把心中不满的话全部都倒出来之后，你的压力也会消除许多吧？

D．你现在的精神和体力都相当地疲劳，什么事也提不起劲来做。这样的你最适合的休息方式就是：把你的电话线拔掉！将工作或是课业都暂时抛到一边去。如果什么都不做无法让你静下心来的话，建议你看看书或是电影带。这样过个两三天，等到你的心中有“想做事的感觉”时，再去恢复你的工作。

自　序

改变，从内心开始

在工作这件事上，我们大多数人都花费了大量的时间与精力。一天工作八小时、十小时甚至十二小时，并不是稀奇的事情。无论我们是在大企业还是小公司工作，无论我们自己创业还是做公务员，在任何工作领域，有一件事绝对毋庸置疑：每种工作都是有压力的。

各行各业都有不同的问题与压力来源。有些时候，我们必须面对一些自己不喜欢的处境，比如不切实际的截止日期、颐指气使的老板、无聊的会议、无法达成的业绩要求、同事之间的互相排挤、管理上的官僚作风，以及批评、骚扰、受到拒绝等。事实上，没有人能在工作中排除所有的问题。

但是，真正的问题不在于工作中是否有压力，或你是否会接触到工作的压力。任何环境都有其特殊的挑战，它们一直都在，你真正的问题是“该如何处理工作中的压力”。你可以向压力投降，承认你对它毫无办法，也可以找出一条完全不同的新路，学会心平气和地处理工作困境。最重要的是，如果你想减轻工作压力，必须从你的内心找到答案。

如果你读过我以前写的书，你应该知道我是个很乐观的人。我相信，一个人只要在日常生活中对自己的态度和行为稍作改变，就能大大地提高生活品质。我并不是对生活中的困难故意视而不见，而是希望你不要做现实的牺牲者。现实是可以改变的，改变就来自你的内心。当我们真的作出改变，我们的工作，甚至我们的人生，都会变得更轻松自在。

在我写了《别为小事抓狂》之后，收到成千上万的电话和邮件，这成了我写接下来这本书的动力。许多人高兴地发现，在读了《别为小事抓狂》之后，他们能更轻松地享受自己的生活了。不断有读者要求我再写类似的书，你现在读的这本书就是这样的作品，只不过这次的焦点是集中在工作场所碰到的特定事件上。就我自己来说，我也曾经常在工作中为一些小事抓狂，但现在我已经克服了这样的心理状态。我知道有许多人跟我一样，所以我将自己的心得写出来。

当然，有一些办公室问题确实是很严重的，比如强悍的竞争者、商业间谍、办公室暴力或被迫调职等，这些事真的让人心惊胆颤。有趣的是，大多数人在面对这些真正的挑战时都显得很有勇气、充满创意，但在面对一些“小事”时反而不是这样了。退一步想就会明白，除了那些严重的工作问题外，真正干扰我们的其实都是小事。

想想吧，为一些小事沮丧、恐惧或愤怒，花费了我们多少精力，这些情绪会对我们的工作效能和工作乐趣产生多大的影响！再想一想，如果你能将这些能量用在创造、生产和解决实际问题上，情况又会如何？

既然工作中并不会经常发生“大事”，你就不得不承认，我们经常把小事变成大事，让一点小问题变成大得不得了的问题。我们也会将一些小事积累得无法收拾，最终沮丧不已。如果有一种方法，能让你变得更有远见、更有耐性、更明智，而且能更幽默地处理小事，你就能发掘出自己心灵中最美好的一面，甚至也会给别人好的影响。你会花最少的时间处理那些负面情绪，而将大部分时间用在真正有效的工作上。这时，就算有再困难的问题出现，你都能找到解决的办法。

当你懂得不再为小事抓狂时，你会越来越明白，原来工作中充斥的都是些小事，你也会越来越懂得分辨，哪些是真正严重的问题，哪些只是无伤大雅的小事而已。

在学会了不为小事抓狂之后，虽然工作中还是会有各种各样的问题，但是你的感觉会变得不同了。你不会再用负面的态度来面对它们，而是会更轻松自如地处理这些状况。你的压力感会降低，工作会变得更有乐趣。我知道工作并不容易，但我相信，我们可以用更好的心态去面对工作。我希望你的职业生涯一切顺利，更希望这本书能帮你在工作中游刃有余！

让我们一起为工作欢呼吧！

目录

Part 1 个人职场减压篇

2 ◀ 快乐的人更容易在工作中脱颖而出
4 ◀ 放下控制欲，你会活得更轻松
7 ◀ 请你忘掉自己"有多累"
9 ◀ 警惕工作"过劳死"
11 ◀ 不要成为"20/80"法则的牺牲者
13 ◀ 戒掉"我得去工作了"的口头禅
15 ◀ 明白"期望越高，失望越大"的道理
17 ◀ 无人喝采时，就拍拍自己的肩膀
18 ◀ 与其希望身在别处，不如学会乐在当下
20 ◀ 迈出第一步，在大庭广众下说话
22 ◀ 别把压力当成前进的动力
24 ◀ 有些时候，压力是"想"出来的
26 ◀ 面对可预知的问题，切莫"习惯性抓狂"
从今天开始，结束喋喋不休的抱怨吧 ▶ 28
对于还没发生的事，干嘛要担心呢 ▶ 30
摆脱"受害者"模式，更好地掌控自己的生活 ▶ 32
在家度假也能很享受 ▶ 34
练习"活动性冥想"，让头脑留白 ▶ 36
别老是想着"如果……就好了" ▶ 38
放下忧虑，事情将进展得更顺利 ▶ 40
不要只关注工作的"阴暗面" ▶ 42
深呼吸——对抗压力的秘密武器 ▶ 44
明知某些事于己无益，就别"自讨苦吃" ▶ 46
别太在意别人的批评 ▶ 48
不要"自制"压力 ▶ 49
轻松放下自大心态 ▶ 51

身在职场，工作不可避免会伴随着各种大大小小的压力。你需要自我调节，微笑面对，这将让你的职场生活变得更轻松、更快乐！

Part 2 高效工作技巧篇

54 ◀ 面对不合情理的 deadline，你该怎么办

56 ◀ 别让电话偷走了你的工作时间

58 ◀ 用创意的心态参加“无聊”会议

60 ◀ 当“出公差”无法避免，就学会享受它

62 ◀ 想办法让工作空间变得更明亮有趣

64 ◀ 适当地休息，让你的工作更高效

66 ◀ 工作中的大多数问题，只是“限速带”而已

68 ◀ 让电子邮件帮你省出工作时间

70 ◀ 与其发牢骚，不如尽力做到最好

71 ◀ 节奏慢一点，你能完成更多工作

没完没了的工作，总是显得不够用的时间，是不是让你烦不胜烦？其实只要略施“小计”，你的工作效率就会成倍翻升。同事会惊讶于你的改变，老板也会不舍得裁掉你！

时刻保持头脑清静，事情自会解决 ▶ 72

有“减压”的好点子？勇敢地跟上司说说！▶ 74

上下班路上，不妨听听有声书 ▶ 76

凡事都要给自己预留些时间 ▶ 78

让工作井井有条的“快乐三原则” ▶ 80

先做最烦人的事，尽快把它们清理掉！▶ 82

放松头脑，让创意、灵感源源不绝 ▶ 84

尽量不要让你的工作留尾巴 ▶ 86

聪明授权，让你的生活更轻松 ▶ 87

用创意性的眼光看待你的工作 ▶ 89

92 ◀远离“抱怨综合征”
94 ◀学会与“人民公仆”和平相处吧
96 ◀即使遇到魔鬼上司也不必抓狂
98 ◀记得常对人说“谢谢”
100 ◀不要老是让别人等待
102 ◀“用心倾听”也是减压的好办法
104 ◀学会尊重那些“不重要”的工作人员
107 ◀不要轻易作出承诺
109 ◀不要在背后议论人是非
111 ◀同事相处，“知己知彼”很重要
113 ◀凡事不要“以自我为中心”
114 ◀多花点心思和别人维护关系
116 ◀时间不够用？那就别再闲聊啦

Part 3 和谐人际交往篇

不要戴着“职位”的有色眼镜看人 ▶ 118
多多听取别人的建议 ▶ 120
你没有必要得到所有人的认可 ▶ 122
碰到不称职的人，继续过你的日子就好 ▶ 125
学会与个性不同的人和谐共事 ▶ 128
沉着应对工作中的人际冲突 ▶ 131
要想让自己感觉好，先让别人感觉好 ▶ 133
开口反驳前，请静下心来再想一想 ▶ 134
该说“不”时就说“不” ▶ 136
不要让消极的人拖累你 ▶ 138
带着谢意与敬意同别人说话 ▶ 140
常向工作伙伴表达你的感激之情 ▶ 142
与人交谈时，不要过早下结论 ▶ 144

职场不是“无人岛”，学会与身边的人保持和谐关系，不仅会使你的工作更轻松顺利，还会为你打开通往成功的大门。一点小小的改变，也许会收获大大的惊喜。

148 ◀ 列出你的“优先”清单，展开全新旅程
150 ◀ 撕下“疯狂竞争”的标签
152 ◀ 停止抱怨，让你的烛光照亮他人
154 ◀ 积极面对生命中的每一个“今天”
156 ◀ 在工作中磨练你的心性
158 ◀ 用善意获得更多回报
160 ◀ 改变固有习惯，让生命焕发新的光彩
162 ◀ 活在当下，乐在工作
164 ◀ 问问自己：“我真正要的是什么？”
166 ◀ 鼓励你所在的公司投入慈善事业
168 ◀ 接受不期而至的“倒霉”
170 ◀ 从“金钱铐链”中挣脱，找回自在感觉
173 ◀ 及时走出“犯错”阴影
175 ◀ 有些事情是不能用钱来衡量的

Part 4
内在心灵提升篇

放弃无谓的执著和坚持 ▶ 177
用充满爱的健康心态来竞争 ▶ 179
每天抽出 10 分钟，什么也不要做 ▶ 182
和别人一起工作时，请“全情投入” ▶ 184
靠近你的“精神中心点” ▶ 186
原谅自己吧，每个人都会犯错 ▶ 188
事情如意的时侯，你喝采了吗 ▶ 190
学会与混乱和平相处 ▶ 192
做一个不被工作“掏空”的人 ▶ 194
告别旧有模式，迎接全新的生命转型 ▶ 197
大胆提出要求，淡然看待结果 ▶ 200
“生活体验”源于内心 ▶ 203
记住：小事常常在发生 ▶ 205
不要为退休而活 ▶ 207

外在的转变来自于内心的觉醒。请张开你的臂膀，迎接生命中来临的每一个“当下”吧。你美好积极的心态将赋予工作全新的意义！

Part 1

个人职场减压篇

身在职场，工作不可避免会伴随着各种大大小小的压力。你需要自我调节，微笑面对，这将让你的职场生活变得更轻松、更快乐！

DON'T SWEAT THE SMALL STUFF AT WORK

快乐的人更容易在工作中脱颖而出

很多人都不允许自己有享受狂热、松弛或快乐的机会，在工作中尤其如此。职场中似乎有这样一种逻辑：如果某人看起来很轻松快乐，他工作一定不努力。大多数人似乎都有这种担心：如果自己在工作中显得很快乐，他的同事、上司或客户就会认为他很容易安于现状，没有上进心，觉得他肯定无法在竞争激烈的环境中生存。

我经常接到各地企业界的邀请，去进行有关减轻压力、快乐生活的演讲。有好几次，主办单位的邀请者都会诚惶诚恐地问我，如果我让这些员工变得更快乐，他们会不会就失去了工作上的优势呢？我说的可是真的！

事实上，认为一个轻松、快乐的人就是没有上进心的人完全是无稽之谈。相对来说，一个快乐的人总是更加热爱他们所做的工作。有证据显示，热爱自己工作的人会有较高的工作热情，他们希望自己在工作中表现得更精彩。这些人常常是很好的倾听者，而且勇于学习。除此之外，一个快乐的工作者通常会有较强的创新能力和影响力，容易相处，是很好的合作伙伴。

从另一方面来说，一个不快乐的人却经常会因为自己的不幸与压力而显得畏首畏尾，这会阻碍他们的成功。而且，在工作中总是显得压力很大的人通常比较难以相处。比起快乐的人，他们更没有上进心，因为他们将所有的精力都耗费在自己的问题上，对于工作，他们往往就有心无力了。

一个不快乐的人经常会觉得自己是别人的牺牲品。对他们来说，要找到问题的解决之道总是很难，因为所有事都是别人的错！除此之外，他们也不是很好的合作伙伴，因为他们总是以自我为中心，总想巩固自己的地盘。他们在自己身边筑起层层壁垒，从不肯倾听别人的意见。如果他们成功了，那跟他们不快乐的个性绝对无关。事实上，一个压力很大的人如果能学会快乐，他一定会更成功！

我觉得用“学会快乐”作为这本书的开始，是一件很有意义的事。因为我的人生目标就是让你相信，做一个快乐、轻松、善良的人，没有任何错！这绝对可以成为你人生和事业上的一大利器。你不会因此失去优势，或变成“小角色”，相反，你会更有灵感，更有创造力，更有上进心。当别人看到问题时，你会看到解决之道，也能够从中发现机会。你不会因此而退缩、失去勇气，你会变得很有弹性，显得很灵活。你的能力会提高得很快，即使在“风暴眼”工作，你也能安之若素。因为你的镇静和明智，人们在作困难的决策时，就会马上想到你，你会因此而顺利地步步高升。

只要你敢于享受快乐，你的人生会立刻截然不同。你的工作和生活都会更有意义，你也会经历如同探险般精彩的时光。别人会更喜欢你，当然，你也绝不会在工作中为小事抓狂了！

放下控制欲，你会活得更轻松

我所说的控制欲，是一种不健康的、想要操纵别人的意图，控制欲强的人，会对别人的行为十分在意，并受到这些行为的严重影响。他们想要控制所处的环境，觉得事情只有按自己的方法做才踏实，如果别人不按他们的想法去做，他们马上会陷入自我防护和焦躁不安的境地。简而言之，有控制欲就是在别人不合己意的时候马上“抓狂”。

我观察过许多有控制欲的人，发现他们有两个特点：第一，这样的人几乎到处都能见到；第二，这样的人通常都压力巨大，并使受控者也深感压力。如果你想要过更平和安宁的生活，减轻自己的控制欲是你要做的第一件事。

下面是我听过的一个有关控制欲的极端事例。

职场万花筒

吓跑N多客户的“回形针控”

有一个很能干的律师在一家知名的律师事务所工作，他办公室里的任何东西都要按他的意思去采购、安放，即使是小细节也必须如此。比如说，他规定回形针必须是金色的，而不喜欢公司统一提供的银色回形针（世界上难道有比这更重要的事吗），于是他的秘书每周都要为他私下补充新货。如果有人给他的文件是用银色回形针夹的，他会立刻暴跳如雷。他被同事们私下称为“回形针控”。

其实，回形针不过是展现他控制欲的一面而已，他要控制的事实在太多了。从咖啡杯的选择，到会议中对他的介绍，他都有规定。用不着惊讶，这位律师的工作进度永远是最后一名，他的客户也跟着倒霉。他总是为了一些小事大发脾气，左一个右一个，最后便影响到了他的工作。他的控制欲不知吓跑了多少客户，最后事务所只好请他走人了事。

这是一个非常极端的特殊例子。不过，如果你检视一下自己的行为，可能会发现你想控制的也是一些很无聊、很琐碎的事。我鼓励你“自检”一下试试。

一个人的控制欲越强，他所面临的压力就越大。因为他不仅控制自己的思想与行动，也要求别人向他看齐。我们可以偶尔对别人施加影响力，但不会强迫别人必须照我们的意思做，但对于一个控制欲很强的人来说，如果别人不听他的，将会让他非常沮丧。

当然，在工作的时候，我们都希望集思广益，也希望和别人达成共识，在某些情况下，我们可以充分发挥自己的影响力甚至权利，让工作顺利完成。有时候，我们必须想方设法说服那些跟自己意见不同的人，这都是工作中常见之事，和本节中说的“控制欲”完全不同。我们谈到的，不是那种健康的、希望在会议中达成共识或找到平衡点的做法，而是固执己见、一意孤行，这种控制欲，最终只会给自己和别人带来无尽的痛苦和压力。

对于控制欲很强的人来说，真正受到伤害的，是他自己的内心、感觉和情绪。他总希望别人觉得自己无所不知，不给别人展现自我的机会，也不允许别人有自主空间，更不懂得尊重别人的不同想法。从更深层的意义来说，控制欲很强的人，根本不允许别人拥有自我，只希望人家成为他心中希望的模样。但是，没有任何人会愿意接受别人设定的“自己”。所以，控制欲强的人往往会感到沮丧，心中充满无力感。

要想减轻控制欲，最好的办法是静下来想想，这么做到底给自己带来了什么好处。可以试着不要对别人干涉太多，而让别人照他们自己的想法去做，这会让你的压力无形中减轻不少，你会活得更自在。当你允许自己认同人与人之间的差异时，你会觉得心中的挣扎与纠结在不知不觉中消失了。

除此之外，当你减轻了自己的控制欲，你会发现自己变得平易近人，也能发现别人原来都不希望受到控制。控制是一种自我封闭的行为，它会造成充满敌对和愤恨的关系。放下控制欲，你会发现人们更愿意对你施以援手，而且更希望看到你成功。当人们觉得你能接受他们的真面目，而不是你心中设定的样子时，他们会比以前更加尊敬你。

请你忘掉自己“有多累”

最近，在从旧金山前往芝加哥的飞机上，我偶然听到一段超乎想象的愚蠢对话。这段谈话至少进行了三十分钟，焦点居然一直集中在谈话双方第二天以及接下来的一周会有多累上！

职场万花筒

一直说“累”，就会越来越累

这两个人的谈话听起来就像在说服对方或自己，接下来的日子将会花多少时间、多少精力在工作上。他们每天都将睡不了几小时，还会疲倦得不得了。我不确定他们是在吹牛还是抱怨，但有一点可以肯定：只要这样的对话继续下去，他们就会变得越来越疲倦。

他们两人都说了这样的话：“老天！明天我会累死的！”“我不知道下星期要怎样过日子！”“今天晚上我只能睡三个小时了！”他们谈到晚上加班、睡眠不足、不舒服的旅馆床铺、大清早的会议等。他们声调沉重，愁眉苦脸，似乎现在已经觉得筋疲力竭了，而我相信事情一定会按照他们预期的那样发生。就连我，只是听他们交谈了一会儿，都觉得累极了！

想象自己的疲劳，只会加重疲劳的后果。这会使你的注意力集中在自己的疲劳上面，甚至影响到正常休息。等你醒来时，你还会不自觉地再提醒自己一遍，从昨晚上床到现在，你才休息了几个小时。这样预想自己的疲倦，一定会给大脑传达某种讯息，提醒你作出疲倦的反应，因为这正是你自己设定的必然反应。

当然，每个人都需要一定的休息时间，如果你觉得累，最好的解决办法就是睡上一觉。在情况不允许你这么做的时候，备选的方法是：无论多忙，尽可能抢时间多睡一点，还要对有这样的休息时间心存感激。因为我经常到世界各地进行商务旅行，每天只睡三四个小时是家常便饭，有时甚至更少。我注意到，只要我完全不去想自己到底睡了几个小时，就会觉得自己睡得还行。然后，只要一有空闲，我就会打个盹恢复精神。我绝不会跟别人讨论自己有多么缺乏睡眠。**在我看来，最糟糕的就是预先说服自己有多累！如果这么做，我总会觉得加倍疲倦。**

我也注意到，关于疲倦的话题经常充斥在现代人的对话中。如果你就是这类人，试试看自己能不能改变这个习惯，我相信这样做之后，你会觉得不那么累了。当你不觉得累时，你在工作中也就不会为小事抓狂了！

警惕工作“过劳死”

许多年前，我父亲参加过一个简称为“BENZ”的特殊组织，这个组织的全名为“企业经理人国家安全协会”(Business Executives for National Security)。他们的任务之一，是向企业界人士宣传核武器竞赛的荒谬性，包括给国家带来过重的财务负担和明显的危险。我最喜欢这个组织的一句宣传口号：“保住性命，才能做生意！”这句话从幽默的角度强调了每个人都清楚的一项事实：如果我们将自己毁灭了，一切都将失去意义。

我猜你已经知道我要说些什么了，因为这个妙喻的内涵非常适用于我们对待自己的态度，特别是有关身心健康的问题。而它也的确自成道理。

记住这句话，能帮助你保持生活平衡。比如，当你想说“我没有时间运动”时，你要知道你真正该说的是“我没有时间不运动”。如果你失去身心健康，就什么事也别想做了。无论如何，预防必然胜于治疗，你用在保养身体上的时间，绝对会比你用在治疗身体上的时间要少得多。

职场万花筒

调整生活重心，在工作和家庭间找到平衡

吉姆是纽约一家大型律师事务所的合伙人。他就像我所认识的

很多人一样，很爱他的家庭，但同时他又是一根两头燃烧的蜡烛。他每天很早离开家，很晚才能回来；他经常出公差，而且工作压力很大；他的孩子一天天长大，而他却错过了孩子成长过程中的大部分时间；而且，他极度缺乏睡眠与运动。他对我说："理查德，这样的状况会害死我！"更糟糕的是，当他对公司越来越有价值时，他自己的时间就越来越少了。

从某个角度来看，这样的生活方式太没人性了。经过一段时间的个人反省之后，他终于下了结论：虽然工作很重要，但绝不值得为工作而死，更不值得因此失去参与孩子成长的过程。于是，他重新安排了自己的生活，辞去律师事务所的工作，自己开业。我从没见过一个人有如此巨大的改变。不久之前他对我说："我这辈子从没这么快乐过，我的生意比以前更好，最重要的是，我有时间跟老婆孩子在一起了。"虽然他还是很努力地工作，但他已经在家庭与事业之间找到了平衡点。毫无疑问，如果他还是过着以前的生活方式，他的健康和心理状况都只会更加恶化。他已经很清楚地知道，为工作而死是最不值得的！

当然，并非每个人都能作出这种高风险又极富戏剧化的转变。但是，请想想看，吃得好、睡得好、经常运动、保持乐观积极的心态、常做身体健康检查、培养一些健康的生活习惯，难道是很过分的要求吗？而且，如果你现在忽略了健康，你将来会在治疗上浪费更多的时间。哪怕是一场小感冒，都需要花上好几天才能治愈。想想看吧，只需要照顾好自己的身体，就能帮你节省下多少年的时光！

当你发现了工作并不值得你为之去死，你就会善待自己，不论是从精神上还是肉体上。你会过得更好，你的事业也会更成功、更快乐、更长久。

不要成为“20/80”法则的牺牲者

在职场中有所谓的“20/80”法则，即“80% 的工作是由 20% 的人完成的”。要是实事求是地说，我还认为这个统计数字有点太保守了呢！

我观察过许多工作成绩出色的人，他们都不认为自己哪里和别人不一样，觉得自己只是在尽力完成工作而已。有一次，我听到一位成就非凡的人说：“其实我没有做出什么特别的成绩，只是因为别人太不努力而已。”我对他非常了解，所以我知道他绝不是在装谦虚。他觉得一般人对工作并未全力以赴，而且很少人能完全发挥自己的潜能。但是，我想提醒你，如果你总是这么认为，就会变得沮丧又易怒。你会不由自主地注意那些没有完成的工作，或即使已经完成，你也可能会认为用另一种方法完成会更好。你眼中所见的世界会充满缺陷。

为什么会这样呢？我想，可能是因为你在用一双高效率、高产能的眼睛看这个世界。你可能很难接受其他人的工作优先顺序、工作伦理、舒适要求、天赋才能和心态与你不同，也不理解人们看事情的眼光不同，工作的频率也不相同。我想，你最好不要去注意别人还有什么事没完成，而是注意自己能从工作中获得什么，包括经济上的、能力上的、情绪上的、精神上的。换句话说，你要承认做个高效能的人只是你自己的选择。这种选择给你带来不少好处，它让你觉得自己的效率还不错，你能完成任务并完全发挥自己的潜力；

或许比起做个低效能的人，你会赚更多钱，也更乐于工作；你不用担心未来的经济问题，机会之门也会随时为你打开；或许每天完成固定的工作量，还能帮助你减轻焦虑。换句话说，“高效能”鞭策着你，让你有机会取得更大的成功。因此，完全没有必要把自己看成是效能不及你（在你看来）的那80%的人手下的牺牲者。

你还可以再换个角度，想想自己对工作的看法、你所习惯的工作进度和自己的工作能力，也会对你有帮助。问自己几个问题：“我是因为别人的要求才选择这种高效率的工作方式吗？”或者“我用这样的进度来工作，是不是为了让别人觉得沮丧不安？”当然不是。你的选择是由你自己的能力、偏好与成功欲造成的。虽然你的职位本身会要求你必须表现出一定的水准，但是你真正的产能却来自于你自己的决定，以及你对工作的态度。

这个概念对每个人都适用，对于怎样才算做到最好，工作到什么程度才算完成，我们内心都有自己的标准。每个人都是先充分评估利害关系，然后才决定他要如何努力工作，以及他的效能要达到什么程度。

其实，你可以依靠其他人，包括你的下属、同事、承包商或员工来决定自己的工作量。我正是这么做的。我并不是要你掉以轻心或降低水准，而是希望你明白，每个人的水准都各不相同，这样你就不会总是愤愤不平，或总是认为别人辜负了你。当你敞开心胸，控制住自己的情绪时，你会很容易激励别人做得更好，而不会引起他们的反感或防卫心理，你会更轻松一点，也更容易了解别人为什么会有不同的工作态度。如果你能这么做，你就一定不会再觉得自己是个“牺牲品”了。

戒掉"我得去工作了"的口头禅

在工作场合，我们常常会听到一句口头禅："唉，我得去工作了！"在继续往下说之前，我要先声明，我知道你确实是"有工作得去做"的人，但你可能没有注意到，这句口头禅带有负面的意味。

口头禅是心态的一种直接反映，表现出你的希望与经验。当你说"我得去做什么"时，意味着这并不是你的选择，你更情愿在别的地方，做别的事。换句话说，你并非发自内心地想做这件事，这样的想法会让你无法发挥潜力，更别提享受工作的过程了。所以，当你说"我得去工作了"时，你已经在潜意识中认定接下来的一天是很难捱的了，带着这样的情绪去工作，确实可能让你面临这样的结果！

想得再深入一点，其实你真正要说的是："我不喜欢我的工作，但没有办法，我不能自行选择喜欢的工作。"对于这件至少每天占用你 1/3 时间的事情，你传递给自己和别人的是多么可怕的信息！想想看，如果你真的爱你的工作，你怎么会说"我得去工作了"这种话？你会说"我得过周末了"、"我得去看电影了"这样的话吗？

当你注意到这一点，不妨换一种口气来表述，哪怕只是轻松地说一句"我去工作了！"而不要带有负面字眼。欢欣鼓舞地说"哦耶！我要去工作喽！"当然也并无必要，但你的一天值得有个快乐的开始。工作不可能没有一点能让你引以为傲的地方，而别人听到你正面积极的话语，也会感到更快乐一些。拿我自己来说，每天早晨我要出门去上班时，我可不想将这样的讯息传给我的孩子：“工作是件无聊的事，爸爸又得去上班了！老天！”我无法想象我的孩子天天耳濡目染，将来当他们步入职场时，会有多么不快乐？

如果你照我说的去做，我相信你会惊讶地发现生活有了一些改变。一旦你无意间又说出一句“我得去工作了”，你就会马上知道自己说错了话，因为你看得出来这有多荒谬。当你试着用积极的态度说话时，你也是在下意识地向自己的大脑输送一种信息：今天会过得不错。**许多人都相信，我们心中的期望通常会成真。如果你期待的是糟糕的一天，你就会得到那样的结果；而当你期待美好的一天时，你也很少会让自己失望。**

我希望你现在就问一下自己：“我说的话对我的工作有什么价值？”记住，我们每天至少花八小时，每周花五天在工作上，这确实值得你谨慎地考虑你的工作态度对自己和他人的影响。何不抛开这句消极的口头禅，重新开始呢？

明白“期望越高，失望越大”的道理

我在演讲中提出了这个说法，这时一位听众举起手来问道：“你要我们降低期望，这样会不会太悲观了？”他提出这样的疑问确实很有道理，你大概也想说同样的话吧！

这确实是个很微妙的问题。大多数人都会抱着期望开始每一天的工作，希望事情进展顺利。我们相信成功必然会来到，只要我们现在积极进取，努力加上一点运气，许多（或许是所有的）美梦终会成真。

但是从另一方面来说，“期望”也有一定的限度。如果你对人生期望过高，就会变得不切实际。难以达成的目标会让你失望不已，而且会产生不必要的苦恼。你的同事可能会疏远你，因为大部分的人都不会把不切实际的期望当回事儿；你期望人生循着可预测的方向发展，每个人都要照你的计划去做，如果他们不这么做（通常都会如此），你就会很沮丧，觉得自己很悲惨。

把期望降低，即使只降低一点点，都足以让你的生活变得轻松些。当成功降临时，你会更快乐，更惊喜，而不是把成功视为理所当然；如果期望落空，也不会使你觉得天都塌了。你不会有过度的负面反应，也有能力说出“我会处理这件事的”之类的话。你会保持镇定，勇敢地面对混乱，解决问题，完成工作。

职场万花筒

降低期望后，她获得了两次升迁

我遇到梅莉莎时，她在一家软件设计公司上班，她形容这是她第一份“真正”的工作。她很年轻，又有上进心，对事情总是抱有很高的期望，问题是，她总是不能像她自己所期望的那样被人看待，她所提出来的意见也不被重视。为此，她非常沮丧，而且心力交瘁。

我建议她降低自己的期望值，用一种新的角度看待自己的工作，与其把这份工作视为自己的全部，不如把它当作是未来更好机会的踏板。采纳了我的建议后，梅莉莎感觉身边的世界开始有了好的变化。她不再为期望不符合现实而困扰，也能将心思集中在工作上。她成长得更快，压力也减轻了。

一年之后，我接到梅莉莎发给我的邮件。她提到降低期望值给她带来的好处，还说自己当时是把一切都看得过于严重了。现在她学会了用不同的观点看事情，而且能越过障碍前进。我想她一定做到了，因为自从我上次跟她谈话以来，她已经升职两次了。

请你在心中预留一些空间，让坏脾气、错误、过失、困难也有容身之地。与其花太多时间为失败而抱怨，不如节省精力，大步跨过去，准备下一次再出发。

说得更清楚一些，虽然你仍然会尽力而为，但不管你多努力，生活总不会永远照你的计划前行，这是不可避免的事实真相。你只有将期望降低，才能与生活和平相处。这一点都不难，却能让你过得更轻松，也不会轻易失望了。

无人喝采时，就拍拍自己的肩膀

很多人都希望别人拍拍自己的肩膀，说一句“干得好”，这会让人非常满足。而我最喜欢向人提出的忠告，就是在别人付出努力时适时地鼓励，让他们知道你的感激之意。然而，我们自己难免也会有不受赏识、无人喝采的时候。这时，停下工作拍拍自己的肩膀就成了很重要的事情。

花几分钟想想自己做了哪些事情，检视一下自己的进取心与行动力。在脑海中检阅一下你的成果。想想你工作得多努力，在往目标前进的路上作出多少贡献，帮了工作伙伴多少忙等。听起来很简单，但这一招真的非常有效。我试过很多次，发现这能让我用更平和的态度来生活。这会提醒我自己有多忙碌，并让我能对其他忙忙碌碌的职场中人产生理解。我知道为什么有些人忘记或不知道感恩，不是他们不愿意做这样的事，他们已经被工作与生活整个淹没了。

有时候我们走得太快，忘了暂停下来反省一下。其实，只需要几分钟，我们就能了解我们对自己、家人、同事甚至全人类作了多少贡献。**来自内在的认可，比外在的肯定还要有力，给人以满足感。**因此，如果没有人鼓励你，不要因此灰心丧气，我相信你会发现一切都是值得的。

与其希望身在别处，不如学会乐在当下

如果你在工作时，经常希望自己在别的地方、做别的事情，我劝你真该好好反省一下了。这种想法不但荒谬，而且显得很自暴自弃。在你跳出来说“我可没这样想”之前，请先听听我的解释。

希望自己身在别处，算得上是职场中人的常见想法。我们在工作时会想，如果能在家睡觉就好了；或是在周三的时候，就希望当天是星期五；有时候我们会希望自己做的是不同的工作，有不同的职责；我们希望有不同的老板和同事，也希望办公室的环境不同，或是能有不同的上班方式。这份清单可以无限长地列下去。问题是，这些希望都是不真实的，只是一种无法实现的想象而已。

只要你稍不留意，你就很可能陷入这样的想象中，希望自己身在别处，而不是在此时此地。但你不在别处，你就在这里，这才是真实情况。我很欣赏一句话：“当我们忙着作别的计划时，生活却照原样进行着。”换句话说，当我们忙着希望自己身在别处时，生活还照样进行着，而你没有参与到自己的生活中，接受生活的本来面貌，反而退出了。

从实际的角度来看，当你的脑海中盘旋着宁可身在别处的想法时，你就很难专心工作，效率也不会很高。你不能享受眼前的生活，也无法乐在工作。想想那些你真正喜欢做的事吧，当你做那些事时，是不是全神贯注呢？如果不是，你感觉到的快乐一定会减半。比如，当你脑中想着别的事时，你还能享受得到阅读小说的乐趣吗？

不过也确实有些特殊情况，比如你对自己的工作已经失去兴趣，你自然会说："我当然宁愿身在别处，因为我根本不喜欢眼前的工作！"但你不妨退一步，仔细考虑一下为什么会如此。是工作本身缺少趣味，还是你的脑袋里净想着别的事？有些时候，我们的工作与生活缺少乐趣，不是因为工作的本质如此，而是因为我们并没有专心致志。当你总是希望身在别处时，你就已经剥夺了眼前的工作乐趣。

如果你能少做白日梦，将精神集中在目前的工作上，我相信你为自己的新发现会吓一跳。你会重新燃起工作的热忱，而且更能够乐在其中。也因为你能专注于工作，你会表现出更多的创意和能力。

当然，我并不是说人不可以有梦，或是不需要为未来着想。当你真的需要改变时，就没有必要原地踏步。但是，当你专注于眼前的生活，而不是希望自己身在别处时，你的梦想或计划都会改变。通往梦想的路径应该是清楚又明显的，当你专注于实现梦想，你就不会被自己的胡思乱想或自我矛盾的想法干扰。祝你好运！我相信你会找到更多意想不到的工作乐趣。

迈出第一步，在大庭广众下说话

不怕你笑话，我曾经是个很怕当众发言的人。高中的时候，我还曾经因为太过紧张，在众人面前晕倒过呢。而且，这样的事还发生过两次！

但是，似乎并非只有我才这样。我听很多人说过，“当众发言”是他们最害怕的事，他们宁可去蹦极、遭遇银行抢劫甚至去死，都不愿意当众发言！

说来有趣，我之所以将这一节放在这本书里，是因为我想让一位我尊敬的朋友知道，为什么克服了“当众发言”恐惧症能够减轻工作上的压力。他曾对我说：“我知道当众说话会给人带来很大的压力，但是减轻这种压力跟你所说的别在工作中为小事抓狂，又有什么关系？”

这是个很棒的问题，不过我可是有备而来的。

“当众发言”的巨大压力，不是凭空出现的。换句话说，它并不是在你被叫上台说话时突然冒出来的，而是一直隐隐约约笼罩着你，不论你在众人面前说话，在公司里做报告，还是简单地与他人分享意见，只要你觉得有点怯场，就说明这种压力存在着。

我如此重视这种压力，原因在于：如果你害怕当众说话，哪怕只是一小段话，你也会对此极力避免，而这会直接影响到你的事业、升职、责任或利益。记得在我克服发言恐惧症之前，我曾经下定决心，以后再也不要当众发言了，但摆脱了这种压力之后，我变得轻松许多，也能集中精力去做其他事情。我的工作因而更加顺利，能够成为作家也是拜此所赐。如果仍然把当众发言当作一种压力，我怀疑自己可能不会走上写作这条路——因为作家的工作之一，就是在众人面前演讲。

要消除对于当众发言的恐惧心理，最好的方法就是让自己置身于那个环境之中，多多练习。你可以从一两个听众开始练起，逐渐增加人数；也可以去听一些课程，让指导老师教你该怎么做。读一些书或看一些相关视频，也会对你有所帮助。鼓足勇气迈出第一步，后面就会轻松得多。你会发现自己的压力减轻了，工作进行得更顺利；你会更有创意，更愿意主动解决问题。当你不再为这件事心烦，你的生活品质也会随之提高。

别把压力当成前进的动力

有太多人问过我这样的问题："难道你不认为承受压力与痛苦才是一个人成功的关键吗？"然而至今我还没碰到过一个能说服我回答"是"的人。

许多人认为压力与成功是一枚硬币的两面，息息相关。他们觉得，要完成梦想必须付出很大的代价，而这一路走来必然充满艰辛与压力。一般人将压力当作是前进的动力，他们不但在工作中突显压力的存在，更认为压力是一种有价值的情绪，因为有时他们确实需要激励自己，以维持巅峰状态。因此他们做事的方法也是压力十足的：急性子，不听人说话；两个约会之间不给自己留任何喘息时间；总是在赶来赶去。他们变得紧张又急躁，失去了洞察力与判断力。他们一大早就冲出门，回到家却又不断抱怨一天工作有多忙。简单来说，他们就是在为小事抓狂，而且是大大的抓狂！

问题在于，**如果你认为压力是正面而必要的，你就会在有意无意间创造更多压力。如果你认为压力是一种障碍，会阻碍你完成梦想与目标，你就能想办法避免它。**

事实上，压力确实是一种障碍。首先，它不但会阻碍你清晰理性的思考，更让智慧、洞见或创造力难以发挥出来。其次，压力也会让人筋疲力竭，侵蚀你最有价值、最珍贵的精神与能量。最后，压力还会造成人际关系的问题。你的压力越大，脾气也就越大。压力使你不能专心致志，无法听人说话。因为压力，你最终失去了怜悯心与幽默感。

我也知道有些压力是无法避免的。当然不管你做的是什么，要成功可能都是困难重重，然而，把压力当作有价值的事只会使情况更恶化，而不会变得更好。从这个角度来看，你很容易明白压力并不是一种正面的力量，它不但不是成就的来源，更是心灵与能量的反作用力。压力不仅不能给你优势，反而会让你的竞争对手占了上风。

我的建议是：当你在工作中为小事抓狂或觉得压力很大时，不妨轻轻提醒自己，既然工作已经很困难了，就不要再让压力增加自己的痛苦了！这么做时，你会发现过去以为非有不可的压力消失于无形了。如果真是这样，你就会体验到压力果真是成功的障碍，而非盟友。

有些时候，压力是“想”出来的

经常会有人问我：“要做到别为小事抓狂，哪一件事最重要？”我必须承认，我不知道哪一件事是最重要的。不过如果真要找一个，我会这么说：“不要自己想出压力来。”

想想我们平时是不是经常在脑海中跟自己对话？有时候甚至整天都说个不停。我们坐在车上时会想事情，项目交期、争吵、潜在的冲突、曾经犯下的错……我们在办公室里或在洗澡时也会这样做。

当我们在思考时，我们很容易将自己所想的当作真实存在的事物。听起来可能很奇怪，让我还是说得更清楚一点吧，我们经常会忘了自己正在思考，就像我们常常忘了自己在呼吸一样。

除非我提醒你，不然你可能不会注意到自己在呼吸，是不是？思想也是类似的活动。因为这是我们的一部分，我们会很重视思想，而且跟着思想走。我们会认为思想是真实的，同时也任凭思想给我们带来压力。

如果你仔细想一想，你就会看出其间存在的问题。当你在想一件事时，不过就是一个“想法”而已。只要你的意识或潜意识不要给自己压力，思想其实是毫无作用力的。思想只是你脑海中的想象与概念，就像是梦一样，只是在做这些梦时，你是醒着的。而对于这些清醒时产生的思想，你完全可以决定自己要如何看待。

举个例子，你在开车上班途中可能会东想西想：“老天！今天可不好过！今天有六个会，中午以前还要交两个报告……我很怕见到珍妮，她一定还在为我们昨天吵架的事情而生气……”

从这个例子来看，基本上只有一两件事情真的会发生。你可能很紧张、很担心，越想越多，甚至不停地分析自己的生活会变得如此糟糕的原因，然后变得自怨自艾起来；但你也可以搞清楚实际的状况，意识到这一切不过是一场小小的“思想攻防战”而已，你根本还没到办公室——你还在开车呢！

这并不是说你今天就不会碰到困难，或你要假装一切完美无缺。但在工作时间正式开始之前就想着这一天会如何难过，是完全不合逻辑的。这听起来很荒谬，但却是我们每个人每天在做的事。我们不停地想呀想，到后来便以为那不只是思想，而是真实的了。

如果你能改变自己的思想观念，你会惊讶地发现工作中的压力减轻许多。下一次当你又在做“思想攻防战”时，试试看能不能轻松地对自己说：“嘿！你又来了！”提醒自己不要把刚才的胡思乱想当真。我希望你把这个策略放在心底，这样你的世界就会完全不同了 。

面对可预知的问题，切莫“习惯性抓狂”

有许多行业的工作进展都与预测密切相关。如果在一开始的时候毫无预警,随之而来的压力与焦虑是显而易见的。但是,当你明知这些事必然发生，甚至可以预测会如何演变时，却依然受到干扰，感到沮丧不安，那就太傻了。对我而言，这是自找压力。

我有几个很懂得如何放松自己和化解压力的朋友，他们是大型航空公司的空乘人员。他们常会告诉我一些同事的趣闻。这些同事曾在面对工作中可以预知的问题时，完全不能控制自己（还好旅客根本不知情）。有一位女性只要一听到飞机误点，就觉得压力很大。她会打电话跟丈夫抱怨，又向朋友抱怨自己的困扰（而他们已经听过不知道多少次了）。她对这样可以预知的事反应过度，却不肯对自己说“飞机总会误点的”；另一位男性则是只要碰到没礼貌或不知感恩的旅客，脾气就会很大。他应该是个聪明人，知道这样的事总会发生，但每次发生的时候，他都会立刻抓狂。他所做的事只会刺激其他空乘人员对这几个捣蛋鬼特别注意，而忽略了其他乘客其实都是很友善的。

我还遇到过一个警察，他只要碰到超速的人就怒不可遏。他会很沮丧，怒骂不已，好像忘了他的工作就是要抓到超速的人，好让行车更安全。我也跟许多其他警察谈过话，在他们看来，这只是常规工作。他们会说：“当然，我必须得开罚单。但是我用不着因此而有压力呀！”

在你说“这些例子听起来傻透了”或“我从不为这种事沮丧”之前，仔细观察一下你所处行业的状况。叫别人不要沮丧总是很容易，轮到自己就不同了。你可能也会为了某些事发不必要的脾气呢！我承认我自己偶尔也会犯这样的毛病，或许你也一样。若能从可预知的角度检视一下自己的工作，或许你的压力就会减轻许多了。

虽然每个行业发生的问题都不同，而且大部分可预测的事也不是什么大不了的事，但发生的状况却常有相似之处。在许多行业中，“延误”是已经被预估进来的问题。比如，你可能必须要等待供应商提供产品，以便完成你的工作，为对方延误时间而急得半死，但这是你预先就知道，而且天天都在发生的事。所以，只要你心中有所准备，就不会觉得沮丧。相反，你会很轻松地越过这个问题。这并不表示你不关心，你当然应该尽量快速完成你的工作，但是浪费精力来对别人经常性的延误表示惊讶或愤怒，却是愚蠢的！

在一些领域中（或许是所有领域），完成工作的时间总是不够。如果你四处看看，你会发现每个人的状况都差不多——工作规则就是如此。许多工作流程就是设计得比你能完成的速度还要快一点。如果你能看清楚这一点，就能预估事情的发生。就算你工作的速度比现在快两倍，还是无法一下子完成所有工作；你工作得越快、越有效率，工作量也会像变魔术一样跟着增加。再说一遍，我并不是说你的工作不吃力，或你不该付出努力。我要强调的是，**你不需要为了无法完成的工作而失眠焦虑——因为工作是永远没完没了的。**

当你能用这种“预知”的观点来看待工作时，你的压力会减轻许多。你的想法、态度与行为也会有很大的空间。你的呼吸会很顺畅，也能学着放松自己。我希望这个策略能帮助我，同样也能帮助你。

从今天开始，结束喋喋不休的抱怨吧

抱怨！抱怨！抱怨！真是个讨人厌的家伙！有些人把发生在自己和别人身上的所有事情都看得太严重了。他们眼中只有问题，他们永远都在批评、发怒、生气、自我防御、焦急、沮丧与承受压力。他们永远在等待生活会变得更好，事情会不一样。你是不是这样的人呢？

现在，请运用你的想象力，想象一下10年、20年甚至30年后的你。那时的你是否仍然享有上天给你的天赋恩赐？或许到那个时候，你已经失去机会，要做什么都嫌太迟了。或许现在你正在从事某种行业，或许你有很多问题要解决，感觉工作漫长得像是永无止境，但其实我们内心都很清楚，生命何其匆匆。你有机会去探索与体验生命最美与最丑的一面，但你却认为这一切都是理所当然。你将时间浪费在喃喃抱怨上，期许生活会有所不同。

如果你能换个角度来想，你会发现，自己能活在这个世界上就已经很幸运了。回顾过往，你难道不会后悔自己花费太多时间用来怨天尤人吗？如果你能让一切重来，如果你能再活一次，有些事你是否会用不同的方法去做？你会不会用不同的态度过不一样的人生？你的眼光是不是能看得更远一点？

如果你现在就有所领悟，会不会还那么忧心忡忡？还会抱怨个不停吗？我们都会过度担忧，或许这是天性，但适时地认真对待事情与总是喃喃抱怨之间还是有很大差距的。好消息是：改变自己永不嫌迟。事实上，一旦你发现这种举动有多荒谬，你就可以很快改变自己。

一个爱抱怨的人是用苦涩的态度来看这个世界的。他认为所有问题与苦恼不过是他负面思想的佐证而已，他会指责生命中的不公与他人的错误，好让自己讨回公道。他不知道自己所看到的世界不过是眼中的偏见而已。

《史努比》是我最喜欢的一部卡通片。有一次，片中人物查理·布朗把头垂得低低的，肩膀也垮下来了。他皱着眉头跟朋友解释，如果你想要沮丧的话，最重要的是保持这样的姿势。他又继续说明，如果你站得直直的，抬头挺胸，然后微笑，你就沮丧不起来了。

当你认清负面态度有多荒谬后，你就会改变自己。你会检视自己的内心，最终发现："我不敢相信我真的是这样的人！"要从一个抱怨不休的人变成轻松自在的人，你还需要一点幽默感。回顾一下自己的所做所为，大笑一场吧！

这个世界已经够严肃了，如果你也是其中一个忧郁分子，现在就开始改变自己吧！生命真的非常短暂，这才是最重要的事，何必再愁眉不展呢！

对于还没发生的事，干嘛要担心呢

如果你想做个快乐的、没有压力的人，最好的办法就是摆脱我所谓的“预先思考”模式，也就是对未来的想象。基本上，这种思考模式就是你预设在某些情况下，你的未来会变得更好，在你生命中某些可怕的、有压力的或困难的事，某一天会自动消失。预先思考型的人会这么说：“我将来肯定要升官的，到时候该有多风光啊。”或是：“等我的股票涨价时，我的生活会变得更好了。”或是：“明后年是最困难的几年，接下来我可就轻松自在了！”你背负着有关未来的想象，使你无法真正的活在当下，结果不但延误了事情，更不能享受眼前的快乐。

就算你不会想到遥远的未来，你也有可能经常说类似的话：“明后天的日子一定很难过。”“老天！我明天会累死的！”“那个会议一定是场灾难！”或“我跟老板下次碰面时还会再吵一次。”这类想象数不胜数，虽然细节不尽相同，但结果都是一样的：带来压力！

职场万花筒

越担忧，越容易出乱子

盖瑞是一家餐厅的经理，他形容自己是“世界级忧虑大王”。每天晚上他都担心最坏的事发生：碰上难缠或不满意的客人、食物被偷窃、肉被污染、客人不上门……“你随便说一种，我都会担忧半天。”

他自以为很聪明，认为只要提前预知问题，它们就不会发生了，然而在这么多年的预先担忧之后，他发现事实刚好跟他想的相反。他开始发现自己所创造的那个担忧的世界其实并不存在。就如同盖瑞自己说的：“我让自己头冒冷汗，满心忧虑。因为我已经预知所有最坏的事会发生，所以更不能忍受一点点小错，一个女服务员将客人点的东西弄混了，我会把她臭骂一顿。她会变得很沮丧，结果出更多问题。回想起来，其实都是我自找的。”

当然，一些计划、预测，或对未来的趋势与成就作出期待，都很重要，而且是成功的要素。你必须知道自己喜欢去哪儿，才能真正到达目的地。但是我们大多数人都会把未来的计划看得太严重，想得太复杂，让它变成压力的来源。我们牺牲了现在的时光，活在一种只存在于想象中的世界。而一个想象中的未来可能会实现，也可能不会。

有时人们会问我：“你经常到处为新书做宣传，那种每天换一个城市，一周只能靠一个小皮箱过日子的生活是不是很难忍受，又让人筋疲力竭？”我承认我偶尔真的会觉得很累，有时也会抱怨，但是当我一件一件地解决这些事时，其实是很有趣的。如果我浪费珍贵的时间去想明天有多少采访活动，或是接下来的十次公开露面，或是今晚的长程飞行，我一定会觉得问题堆积如山。如果花太多时间注意将要做的事，而不是现在做的事，我们心里就一定会产生压力。

你我要解决这个问题的方法都一样。只要你想着明天的会议或下周的截止日期，就要提醒自己，你正在为自己制造恐慌，并想象着可怕的未来。一旦你弄清楚自己的想法，知道压力的来源之后，你就能退一步，让自己的思想回到真实的世界——此时此刻，这样你就能将压力掌控在手中了。

摆脱“受害者”模式，更好地掌控自己的生活

在我们身边有这样一些人，他们总是在自怨自艾，觉得自己是生活的“受害者”。我想告诉你的是，其实你的工作、生活和随之而来的压力都来源于你自己的选择。这个说法可能不太容易接受，但请相信我，如果你能坦然接受这种说法，你的生活就会立刻改观。你会感觉到更多的可能性，也似乎更能掌控生活了。就只是承认这个事实，你所获得的回馈还真不少呢！

你必须承认，不管有什么问题、限制、障碍、超时工作的负担、难相处的同事、权谋诡计或要作的牺牲，你都在做你想要做的事情，因为是你选择这样的工作。“等一下！”许多人会跟我这么说，“我所做的工作并非出于自己的选择，而是我不得不这么做。我没有选择的机会。”我知道有时你会觉得如此。但是如果你深思一下，你会发现选择还是你自己做的。你检视过轻重缓急，考虑过其他可能性，研究过后果，最后终于作了决定，认为最好的做法就是做现在的事。

在一家大型广告公司工作的克里斯就不接受这个概念。他带着尖酸的语调对我说：“这真是荒谬！我可没选择为这个笨活动一天工作 12 小时，我是不得不这么做的。如果我没这么认真工作，我会被贴上‘懒惰’的标签，不但在公司混不下去，在整个广告界都会混不下去的！”

你看出来这个男人把自己描绘成什么样的人吗？他不认为自己是聪明、

跟得上时代潮流的广告人，却忿恨地觉得自己受了陷害，成为了“惯例”的牺牲者。他完全不认为选择这个行业或努力工作就是他的责任。如果你觉得被陷害，认为这不是自己作的选择，你就会觉得自己是个受害者。

不管他是不是讨厌这么做，克里斯都决定要一天工作 12 小时。他是已经考虑过后才这么决定的。他宁可待在现在的职位上，也不愿意冒险去找另一份工作，少赚一点钱，失去他的名望或错过在工作生涯中晋升的机会。我不能告诉你，他的决定是对还是错，但很明显的，这是他的选择，不是吗？

职场万花筒

“一旦我知道是自己在作选择，所有的事都有了方向”

梅根是个单亲妈妈，她有一份全职护士的工作，但她很希望能成为医院的行政人员。我在新书签名会上遇到她，她承认在过去八年当中，她都一直认为自己是个受害者。她会经常跟人说：“我很想实现我的梦想，但这根本不可能。看看我的生活！”

不管她面对的是怎样困难的生活，她最大的障碍却是不愿意承认她的工作是自己的选择，是她自己决定要待在现有的职位上。她有渠道可以申请不错的学校，入学成绩也够，一些好朋友也愿意帮她带女儿，但这些都没用，因为她是个单亲妈妈。

她说她的转变是来自一位朋友的劝告。朋友要她别再抱怨现状，她听进去了，也愿意开始改变自己。她是这么说的：“一旦我知道是自己在作选择，所有的事都有了方向。我到夜校去念书，现在已经完成三分之一的课程了。想起以前的自己，我就很害怕。我现在明白了，如果我不振作起来，有可能一辈子都只是‘单亲妈妈’而已！”

在很多时候，我们会为自己设限，认为生活不在我们掌控之中。为自己的选择负起责任吧！摆脱“可怜的我”这样的思维方式，设想成“我能掌控自己的生活”。试试看，你会发现你的生活更轻松，工作也更成功。

在家度假也能很享受

几乎每个人都渴望度假。通常假期是很美妙的，是每个人都理应获得而且确实需要的。所谓的假期是用来放松、恢复元气和充电的，但有时假期制造的压力却比减少的压力还要多。举个例子，你终于有了一周的假期，作了一个很棒的旅行计划，但在离去之前你还必须做完一些事。你要急着打包，把所有要带的东西装好，光这样你已经累坏了，就像是有好几周都没好好休息过；接下来是急着赶飞机，或是忙着出门以便避开交通高峰，你好像总在急急忙忙赶时间，以便让自己有机会慢慢享受。你急着要在度假中享受完所有的事，这样你就不会在星期日很晚的时候才到家，第二天你才能早起准时上班。其实在你还没有出发之前，你就知道回来后会很辛苦了。

一方面，你急着离开，因为你知道有一段美好时光在等着你；但另一方面，你又很想赖在家里，抱着一本书不放，或做些运动，在附近的风景区走走。但这些平时没空做的事都得搁着，因为你要去度假了。

职场万花筒

开心又特别的家庭度假

几年前，克瑞丝跟我做了一套在家度假的计划。我们同意在这一周当中绝不工作，哪怕 1 分钟也不行，同时不打也不接跟工作有关的电话，就像我们去度假了一样。我们甚至把电话铃声也关掉了。

每天早晨，我们都会请一个孩子们喜欢的保姆来跟他们玩，这样我们就能去慢跑、练习瑜伽或外出吃早餐。我们一起做些家务，那是我们好几年前就想做的事了。我们种了一些花，坐在阳光下阅读。下午是全家人一起欢聚的时光——踏青、游泳或玩躲猫猫，有一天我们还请了一个专业的按摩师帮我们做背部按摩。每天的晚餐则是在不同的餐厅买回来吃的。我们请了清洁工来家里帮忙打扫及洗衣服，就像住在饭店里一样，看了很多很棒的电影，每天晚上都很晚睡。那段时间就像在一间很高级的宾馆里舒舒服服度过的一样，而且只花了一点点钱呢！

孩子们玩得很疯，我们也是，我们觉得终于有机会充分在家里享受家庭生活的快乐了。孩子们终于能在家中见到父母，而不是急匆匆地瞥一眼（这是多么重要的事呀），我自己则觉得这要比到任何遥远的地方度假都来得开心又放松。这是非常简单的计划，即便假期结束，要恢复正常生活也很容易，不会有班机延误、行李丢失、时差及带孩子旅行会筋疲力竭的问题。因为我们认为那是度假，我们那一周就真的像在度假一样生活，但是我们所花的钱不过是到饭店住、搭飞机或到外国度假中心所花费的零头而已。更重要的是，这真正是很特别的假期。我们了解到，我们这么努力地拥有一个家、照顾这个家，但是我们却从没有轻轻松松地享受过家庭生活。

我并不是反对所有传统的度假方式。我也喜欢到异地他乡旅游，不过我可以告诉你，在家度假是一种很棒的自我放松法，也能给你一个机会做些一直想在家中做的事，何况又花不了多少钱。说实话，对于下一次在家度假的假期，我简直等不及了！

练习“活动性冥想”，让头脑留白

当我最初学习静坐冥想时，我的第一感觉是生活似乎平静下来了。虽然我还是有同样多的事要做，同样的责任在身，同样困难的事要处理，但我却觉得有更多的时间，可以让工作变得更有趣、也更容易。我身边的杂事还是很多，却不再像以前一样，让我烦不胜烦了。

静坐冥想不一定适合每个人，但是还有类似的活动，也能给追求平静、安详、自在生活的人带来很大帮助。你必须要学习如何让你的头脑留白，这也可以算是一种活动性的冥想吧。换句话说，这有别于传统的冥想，即必须坐下来、闭上眼睛、注意呼吸的一般性方法，活动性的冥想是可以运用在日常生活中的。事实上，平时你可能就在做这样的事，只是你没有注意到而已，所以从来不懂得运用这强有力的能量。

大体说来，在脑中留白的意思就是清除纷乱的思想，使你的心情平静、松懈。当你脑中留白时，思维也会变得很敏捷，对眼前发生的任何事都能很快地掌握住。伟大的老师或演讲家所强调的“活在当下”或“身在其中”，也就是指放松自己、不刻意去思考什么的状态。

我总是在脑中留白、在不刻意要去“写”什么的时候，写出最好的作品。当我脑中清静时，写作这件事好像自己就完成了。我不用拼命地去想点子，这些点子会自然地出现。你可能注意到，你会突然间记起一个重要的电话号码，一个老熟人的名字，一组遗忘了的密码，或突然有了解决问题的方法，或记起你把钥匙放在哪了，这些都是你让自己在脑中留白时突然蜂涌而至的记忆或想法，你会有“对！就是这样”的恍然时刻。而在一般情况下，你越是努力尝试，获得的就越少。这种不靠努力得来的智慧非常重要，对你很有帮助，而一旦你想要集中思绪时，就又回到正常的分析性思维中了。

一般人不常使用“活动性冥想”的原因是不知道它的威力，或是并不认为这是一种思想状态。其实，虽然这是轻松又没有压力的一种思维方式，却能让你获益无穷。**当你让自己脑中留白时，想法会很自然地出现在你心中。**新观念与新点子会层出不穷，你的心胸也会变得更开放，更能发掘自己独特的潜能。

当然，有些时候并不适合让脑中留白。当你的工作需要专心致志或学习新东西时，最好还是运用传统的分析性思考，但当你觉得压力很大，或是用脑过度时，不妨检视一下自己在想些什么，看看让脑中留白是否正是你需要的状态。你可以将留白当作轻松减压的工具，更是激发伟大创意的机会。它的功能可以说是毫无限制。

还要说明一点：让脑中留白是一件极为简单的事。在某个时刻，人只能处于一种思考模式，要么清静留白，要么胡思乱想。就像无线电对讲机一样，你不是在“说”，就是在“听”，不可能同时使用两种功能。当你排除分析性思维时，你的脑中自然就留白了，一旦你接受留白也是种思维模式时，其他的就都不是问题了。我希望你能试着让自己的心静下来，让头脑留白。很快，你会惊讶地发现自己竟然可以变得如此轻松自在。

别老是想着“如果……就好了”

“如果……就好了”是个假设句。许多人都会在脑中塞满这样的想法，让自己相信，如果这些美梦都成真的话，自己就会更快乐、更满足、更没有压力。这是一种憧憬，期望事情会不一样，然后一切都变得很美好，就像以下这些说法：

“如果我赚更多的钱，我就会有安全感。”

“如果别人更注意我一点，我就会感觉好得多。”

“如果他不一样，我的生活就会更好。”

“如果我去某个地方旅行，我就会得到真正的放松。”

“如果我把所有公事都办完了，就有时间跟孩子在一起。”

“如果我住大一点的房子，就会觉得很满足。”

你应该懂我的意思吧！

要看出这些句子的问题所在，你就要回顾一下自己以前的期望，如果它们真获得了满足，你还是会觉得不够，或者就算满足了也不长久。你天天盼着能买一辆新车，然而在你得到新车的一两天后，那种感觉就消失了；你告诉自己，如果你能找到一个知心的伴侣，你的心灵就充实了，但当你找到那个“完美的另一半”后，你发现自己也会跟他争执斗嘴；你赚的钱比以前多，但你却还是没有安全感，还是和以前一样担忧着，甚至还想要更多的钱。

这样的思考模式对我们的心灵是有害的。因为我们总是想着其他的事，希望做其他的事，或是处身另一种情况，总觉得要让幸福再等一等，觉得只有事情改变了才会快乐。我们忘了要感恩自己已经拥有的幸福，而期待在某条路上碰到另一种幸运，当你的心思总在别处，或者你的焦点集中于未来时，你就很难对现状感到满足。

当然，我并不是建议你不要计划未来，也不是说你不需要追求成功。我要说的只是你很容易看轻现在的成果，而把希望寄托在未来。不论你是老板，为别人工作，抑或是在大企业上班，别忘了踏踏实实地享受每一步走过的路。记住，幸福快乐是一个过程，而不是终点。我的父亲曾跟我说：“如果你从基层做起，要尽量享受那段时光。如果你这么做，就不会在那儿待太久。”我发现把他的话运用在工作中完全正确，当你对自己所做的任何事都全力以赴时，你就会激发出自己最好的潜能了。

我的建议很简单：往前走，尽力而为，拥抱梦想，作出计划；但绝不要忘了，满足感不是来自想象的未来，而是享受此时此刻的拥有。

担忧未来会给你带来很大压力，
没发生的事何必要去担心呢？

放下忧虑，事情将进展得更顺利

我有很多理由可以用来说服你减轻忧虑，最重要的一个就是，忧虑会给你带来极大的压力。

忧虑会消耗掉你所有的精力，让你的注意力集中在问题上，你会显得紧张兮兮，烦躁不安，很容易受到干扰，也很快就失去理性：这是最适合为小事抓狂的情境。

还有一个理由是，忧虑会让你很难专心工作，也不愿作出努力。你会胡思乱想，将过去的错误当作现在忧虑的理由，并预想麻烦事随时会出现，不管是真是假。

比如，你向上司提交了一份书面报告，一周以来你都担心着他会如何评价，因为你上次的报告被批评得体无完肤。你被这份担忧搞得没有心思工作，效能大大下降，甚至错误频发，自己也觉得没有安全感。当然，你的不安与糟糕的表现都会被老板看得一清二楚，你的报告想得到好评就更难了。这个恶性循环就是由忧虑开始的。

忧虑也是会传染的。你在忧虑时会传递给别人一种负面信息，甚至使得整个办公室都疑神疑鬼；更糟糕的是，当人们感到害怕时，很容易产生自我保护的情结，结果搞得团队氛围大受影响。

职场万花筒

当紧张的感觉传染时……

伊莲是一家大型花店的老板，她告诉我说，以前她是个很容易忧虑的人，在碰到结婚典礼等大型活动时更糟糕。直到有一天，她碰到一件特殊的事，才觉得自己非改掉这个习惯不可。

当时她正带着三个员工为一场大型的婚礼作准备。这是他们最大的项目，所以她比以前更忧虑了。她一会儿担心自己将次序弄错，一会儿觉得自己铁定无法准时交货，反正老是感到有什么重要的事要出错。她手忙脚乱，担心不已，直到发现其他人也跟她一样，吓得半死。他们出了很多的错，花瓶翻倒了，切花时也错误百出。伊莲告诉我："那可真的是乱七八糟，我忍不住笑了起来。"她的紧张显然具有传染性，她身边的每个人都感受到她的忧虑了。后来伊莲带同事出去喝了杯咖啡，每个人都放松了一下。他们再回到店里时，不再有多余的压力，一切进行得都很顺利。结果，这次的婚礼布置得非常完美。

伊莲的例子说明，**当你不再忧虑时，强大的内在改变就会发生，你会对自己建立起新的信任感。**你发现，自己知道该怎么做了，也明白如何才能达到目标。

"演讲"也是不错的例子。许多演讲者会告诉你，如果你把当众演讲当作是很难的事，总是设想最坏的状况，一直担心自己表现不好，你的表现就会真的不好；只有当你不再担心时，你才能表现自如。也就是说，当你决定把忧虑丢掉时，你就会知道自己要说些什么，要表现的主题是什么，听众要听的是什么。放下忧虑，你的智慧才会开始自如运转，这个方法同样也可以用在工作中。

请仔细考虑"放下忧虑"有多大的现实意义。当你摆脱忧虑的干扰时，你就会发现自己有多么值得信赖、多么能干了，你的生活也会变得轻松自在许多。既然如此，你还有什么理由继续忧虑呢？

不要只关注
工作的“阴暗面”

很多人都觉得，跟别人谈论工作中的问题是一件很有诱惑力的事。当别人问你：“今天过得怎么样？”你会很自然地回答：“今天过得糟透了！”如果时间允许，你可能会絮絮叨叨地说到你的时间总是不够用、上下班的交通问题、工作中的难点、总是给你找麻烦的同事、苛刻的老板等种种不顺。

在某种程度上，你说得没有错。每天的工作确实容易让人筋疲力竭，但这些负面的评论是否就代表了工作全貌呢，抑或只是你的一面之辞？你是不是改编了这一天的实际状况，或是只选择一些自己“愿意”记得的情况？

下面是几个跟工作有关的问题，我希望你能诚实地回答：在上班途中，你有没有停下来买面包或咖啡？你在午餐时有没有休息？如果有，是跟谁在一起？你吃到什么美食了吗？在这一天当中，有没有任何人鼓励过你？有什么新的点子出现吗？有机会展现出自己的创意吗？你有没有看到任何美丽的景色，比如绿树、鲜花、小鸟或其他动物？你今天听到什么笑话了吗？有人称赞过你吗？你在车中听到了好听的音乐或是有趣的广播节目吗？你手头的待办事项是不是少了许多？你有没有解决一些冲突？你拿到薪水了吗？

我并不是要你盲目快乐。就像我之前所说的，我知道工作通常都很困难，在这个大前提之下，如果你对以上的问题都有正面的答案，你的工作其实已经比一般人快乐了，不应该将一天当中最好的部分视为理所当然，好像我们一天当中从没有高兴过，也没有享受到单纯的愉悦或便利一样。当你检视过以上的问题，所有的事情就都清楚了。

大多数人的工作状态并不都是负面的，那我们为什么要如此形容呢？我想其中有几个原因。首先，人们不是想要炫耀自己的忙碌与工作的难度，就是在寻求安慰。你很少听到夫妻双方在晚上回到家后说：“今天过得很棒，所有事都顺顺利利的。”就算是真的，你也不愿意这么做，因为你怕被别人取笑你的日子过得太轻松了；我还知道有些男人一回家就抱怨自己工作上的困难，因为他们不想让妻子叫他们做家务！

除此之外，大多数人也希望因为自己工作努力而受到感激与尊敬。如果我们只说顺利的事，别人会认为那是理所当然，就不会这样对待我们了。

不过真正重要的是，只注意负面的事是个坏习惯，就这么简单。抱怨是会传染的，除非你有意识地要消除这种习惯，否则你工作多久就会抱怨多久。

自从我开始有意识地关注工作中较好的一面起，我就看到了一个全新的世界。我越来越发现，工作中有太多好玩、有趣的事，这都是过去我看不到的。我不再将鼓励的谈话、有趣的挑战、与朋友或同事的交往当作是理所当然，对于这一切，我心中充满了感恩，也因为如此，我不会再为每天发生的争执或小事抓狂。我相信你也一定能感受到这一切。

深呼吸——对抗压力的秘密武器

许多年前的一个晚上，我在家里熬夜赶一份报告，那是第二天一上班就要交的东西。我觉得压力很大，坐立不安，虽然没有什么具体的原因，但总是觉得心里紧张不已。

这时，一位向来以智慧和冷静著称的朋友来家里看我。他很同情地观察了我一会儿，然后突然说："理查德，你在呼吸吗？"我吓了一跳，心想这是什么问题？但我还是回答了："我当然在呼吸，难道你没有吗？"

他笑了笑，向我解释他的想法。他说，许多成年人的呼吸都太浅，没有让足够的氧气进入肺里。他把手放在我胸前演示我是如何呼吸的，我一生中从来没这么惊讶过：我发现我的呼吸很浅，简直像是没有呼吸一样！

更让我惊讶的是，我刚试着深呼吸了一下，立刻觉得好多了。我的身体松弛了，头脑也更清醒。我练习得越多，越能把握深呼吸的要领，同时发现自己的自信心显著提高，我不会再像以前那样战战兢兢了。

我们每天就像蜜蜂一样到处奔忙，想把所有的事都做好，如果你的肺部氧气不够，就没有办法把能量成功地输送到身体各处，让自己头脑清醒、四肢敏捷地处理好工作——如果你有过潜水的经验，就会知道缺氧有多可怕了。相同地，当我们的呼吸很浅时，就像是在水底工作了一整天，或至少某段时间是如此。我们当然不会淹死，但却给自己制造了很大的压力。

我并不是这方面的专家，但这些年来我已经学会如何深呼吸了。虽然我无法拿出具体的证据，但我心里很清楚，这绝对是让我变成更平静、更没有压力的人的主要原因。试一试，你也会发现深呼吸是个很有用的方法。我的建议是，你可以将深呼吸的技巧运用在每天的生活中，不要等到你极需深呼吸时才来做。检视一下你的呼吸，看看你吸气能维持多久？注意一下当你呼吸得再深一点时，会是什么感觉？相信你会立刻感到放松与压力降低。当你呼吸够了时，你会发现生活平静多了，视野也会变得比以前开阔，过去困扰你的一些事也不再成为困扰了。总之，当你的体内充满空气时，你就不会那么为小事抓狂了！

我将深呼吸当作是我的秘密武器，任何时候都可以拿出来对抗压力。如此简单的方法，却可以产生迅速又深远的效果，而且是极具隐私性的专属武器，没有人会知道你在深呼吸以放松自己。我希望你能将这项武器运用在工作中，以减轻压力。这对我很有帮助，相信对你也一样。

明知某些事于己无益，就别“自讨苦吃”

“别自讨苦吃”是我很喜欢的一句话，而且我相信这对我们大多数人来说都很重要。“别自讨苦吃”的意思是说，如果你知道继续做某件事，例如固守某种想法、争执、怀疑、讨论或行动最后一定会导致负面的结果，最简单的方法就是不要做那件事！停止！不能再继续了！

比如，你在工作中可能会问某人一些私人问题，发现他变得有点生气，开始自我防卫。如果你没有特别的原因需要知道答案，这时候就该用“别自讨苦吃”来劝自己停止了。如果你继续问，保证会撞得满头包。你会增加一个新敌人，或至少会有一个讨厌你的人，何必继续呢？又比如，假设你感觉完全承受不了压力，想要辞掉工作，又担心自己的生活会变得很窘迫，这时也应该对自己说声“别自讨苦吃”，因为继续想下去只会让你觉得更糟糕。急什么呢？何不聪明地将这件事姑且放下，等你觉得好一点时，再分析一下自己的生活吧！当你知道结果会很痛苦的时候，何必继续下去呢？

有一次，一个朋友遭遇婚姻的“七年之痒”，在决定离婚之前，他来问我的意见。我郑重地告诉他：“别自讨苦吃！”经过慎重的考虑，他最终没有离婚，而且有意识地改善了和妻子的感情。这句话虽然简单，却有很大的力量。这是一种很直接的、让你不要落入陷阱的力量，或是至少让你看清有些想法或行动是徒劳的。这句话也能为你提供必要的智慧与洞察力，让你转移方向，避免错误。当你对自己或别人对你这么说时，最好停下手头正在做的事情，慎重考虑一下。

我能举出许多例子，说明这个简单的想法可以帮助一个人保住工作预防争执，或是避免制造不必要的压力。假设一个人对自己的老板很有意见，决定辞职，一位好朋友适时地说一句："别自讨苦吃！"那个人在作任何决定之前，就会多想一下了；或者，当一次荒谬的"我说对就是对"的争吵开始时，这句话也能让你容许别人有一些"对"的机会，进而解决问题，减轻压力，留下一些时间让你吃顿平静的午餐。通常，负面的情绪会带来一连串的压力与不当的行为，如果你在问题发生之初，就能用这句话避免情况继续恶化下去，你自然也不会为自己制造很多的压力了。

我相信你在生活中能找到许多可以应用这句话的情况。许多事情只要简单一句"别自讨苦吃"，就能迎刃而解。

别太在意别人的批评

说实话，如果我像以前一样，经常会因受到批评而觉得沮丧，你可能就看不到这本书了。事实上，批评是生活中的必然元素，如果真想避免所有的批评，最好是住到无人岛上去。

从很久以前开始，我的目标就是将快乐散播给别人，帮助人们变得更轻松、更宽容，懂得感恩生命。但是不管我的出发点有多好，总会有人批评我是个盲目的乐观者，甚至说我是在用快乐的想法伤害人。我记得有很多人跟我说过："你不可能真的那么快乐的。"或"你的生活一定比我好过多了。"然而，这根本不是事实！

不管你在做什么，总是有些人会提出反对。设想一下，选举中所谓的"压倒性胜利"指的是有60%的人投你的票，换句话说，就算是一个大赢家，也还是有40%的人投反对票。明白这个统计数字的意义，就能帮助你在遭到别人的批评时保持冷静与开阔的胸襟了。

我曾经问过一个很有见地的作家同行是怎么面对别人的批评与指教的。他告诉我："我总是从别人说的话中找寻真理，并尽量去学习和改正，通常我最大的成长都是在别人批评之后发生。对于那些没什么营养的批评，我已经明白，只要不把批评当回事，它自然会消失的。如果对每次批评都较真，把时间和精力浪费在跟人争辩上，这才是最愚蠢的。"

不要"自制"压力

有一个很有创意又很幽默的同事某一天灵光一现，想设计一件"零压力"T恤衫。他这件T恤的卖点是，当你穿上它时，你身上的所有压力都会消失，除了你自己在脑海中制造的那些以外！

显然，他的大前提是所谓的压力都是由你自己"想"出来的，因此他这个创意也可以说是相当有道理。对我来说，如果有人闯进你家中，拿把枪抵着你的头，那确实是种压力；如果你的孩子生病了，你被公司开除了，家中失火了，或是任何真正严重的事发生了，你确实有理由觉得沮丧；然而，有很多压力确实是我们自找的，这源于我们的想法和态度。我见过许多人每天会不自觉地在思想中进行自我攻击，把自己当作是牺牲者，拚命钻牛角尖，既过度解析自己的生活，又夸大自己的责任，同时不自觉地在脑海中预演错误、忧虑与可怕的后果。他们不是活在现在，而是活在对未来的恐惧中。

还有一些人常沉迷于过去。这些人的脑中充满愤怒与挫败感，同时又在疑惑为什么自己这么不快乐。他们的思想消极又悲观，任何事情都能干扰到他们；最重要的是，大多数人都不知道自己在做这样的事，更不明白正是他们自己使自己受到了伤害，相反，他们会为了压力责怪这个世界、环境或其他人。

想想看，如果你学会减少"自制"的压力，你的生活质量会有多大的改变？

你将会成为世上最快乐的人之一，却不需要改变你的生活。何不试试看呢！

要减少自制的压力，最重要也是最难的一点，就是要谦逊地承认压力是你自找的。当你想说“我很沮丧，因为我走投无路了”时，不如改说“沮丧只是我的一种想法”。如果你一直坚称自己的生活太困难，你就很难改变自己的思想，但如果你看清真相，你就有力量去改变了。

只要你能在某种程度上承认你就是自己最大的敌人，其余的事情就很简单了。你会开始注意自己的思想，当负面或自我毁灭型的想法出现时，你会及时发现“敌人”又来了，从而有意识地消灭它。一步一步地，你最终能够把负面思想从生活中完全清除掉。一切都在于你自己的决定，记住，困扰你的只是一些思想，绝不要被这些抽象的敌人打败了。

开始检视自己的思想吧！你是乐观而快乐的人吗？你能保持洞察力同时又有幽默感吗？你会让自己的想法朝好的一面去发展吗？你是不是把自己的想法看得太严重了？如果是，现在你就要开始改变了。记住，改变思想比改变世界容易得多，减少你自己制造的压力，你会更轻松、更平静地向前迈进。

轻松放下自大心态

你已经很清楚了，我写这本书的目的是要帮助你在工作中减轻压力，做到别为小事抓狂。我想不出来还有多少事，会比“自大”更容易给自己带来压力了。因此，学会轻松放下自大的心理，就是减轻工作压力最重要的法则之一。

所谓的“自大”，有时是突显自己特殊性的一种表现。每个人都是独特的、唯一的，因此有些人觉得必须要用自大来证明这一点，它同时也是我们吹牛、夸张、批评、给别人（与自己）下断语的原因之一。自大中包含着浓厚的自我中心意识，就好像在喊着：“看着我！”我们也因此会对别人失去同情心与兴趣，只关心自己。

除了这些缺点之外，自大还是压力的最大来源。想想你花了多少时间证明自己、炫耀或自我防御，想想跟人比较会给你带来多少压力，当比不过别人时，又会让你多么消沉沮丧。想想要保持领先，又要在意别人对你的评价，让你损失了多少精力？光想到这些，我就觉得累了！

要轻松放下自大心态，必须要作出特别的努力。第一步是要有放下自大心态的欲望和需求，并看清自大会带来多少压力。接下来就很简单了，你所需要的只是谦逊与耐心。注意你的思想与行为，当你又想要“证明自己”时，轻轻退后一步。你可以简单告诉自己：“哇！老毛病又犯了！”之后对自己轻松一笑。这不是什么十万火急的事，只要有耐心就会成功。

放下自大心态之后，你会觉得受益良多。最重要的是，你会觉得身上的重担消失了。要时时刻刻地证明自己的能力是很耗费精力的，但放下自大心态之后，你能保留更多的精力，心情也会更轻快。除此之外，你会发现自己开始对别人感兴趣了，你会愿意倾听，也会更温柔体贴；你不再想给人制造强烈印象，只想单纯地做你自己。你会吸引更多的人愿意亲近你，最后你会得到更多正面的肯定与注意——在你不需要的时候，你却得到了。

我希望你能思考一下这个问题，开始试试看。如果我们每个人都能变得更谦和、诚恳与宽容，我们生活的地方也会变成更好的世界。

Part 2

高效工作技巧篇

没完没了的工作，总是显得不够用的时间，是不是让你烦不胜烦？其实只要略施“小计”，你的工作效率就会成倍翻升。同事会惊讶于你的改变，老板也会不舍得裁掉你！

DON'T SWEAT THE SMALL STUFF AT WORK

面对不合情理的 deadline，你该怎么办

大部分人工作时都会面临截止日期的要求。一个作家或许不会受到这样的限制，但是却会不停地在精神上给自己这样的压力。你有没有想过，如此强调工作的交期，会带来什么负面后果？如果没想过，我建议你不妨好好想想这个问题。

截止日期确实是我们必须面对的事，但是所谓的压力却不是来自截止日期本身，而是你自己的想法。你不断地怀疑自己到底能不能办到这件事，因此而自怜自艾，不断抱怨，甚至还会跟别人诉苦。

职场万花筒

"我们还是赶紧开始吧，只剩下一个小时了！"

最近我到一家公司跟人会面，我约好的那个人因为交通堵塞迟到了，所以我就在办公室里等着。本来我想看看书打发时间，但办公室中两个同事的对话吸引了我的注意。他们埋怨着上司规定的不合理的工作交期。显然，他们只有两个小时来完成一项报告，无论如何，那份文件必须要在中午之前交出去。

我坐在那儿，感兴趣地听着两个人的对话，结果他们足足花了

一个小时来抱怨截止时间的不合理，却没有开始动手做那件事！当我约见的人终于出现时，我听到其中一个人说："老天！我们还是开始做吧！只剩下一个小时了！"

我知道这是个极端的例子，很少有人会浪费时间做这么戏剧化的举动。不过，这也说明了截止日期通常不是唯一的压力来源。这两个人最终还是很清楚，自己必须在期限内交出工作，即使只剩一个小时。你可以想象，如果他们不是浪费时间抱怨，而是深呼吸一下就开始工作，事情肯定截然不同。或许他们能很快又有效地完成工作呢！

以我个人的经验来说，我知道即使是合情合理的抱怨，也会耗费大量的精力和你最需要的时间。不论你是跟人诉苦还是在自己心中埋怨，其实都完全不值得。对截止日期的抱怨只会给你增加额外的焦虑感。

我知道截止日期有压力，而且也确实有其不合理之处。但是，在达成目标时，如果没有这些负面的精神压力，你会更容易完成工作。想想自己花了多少时间担忧、焦虑或抱怨，当你发现自己在做这样的事情，及时提醒一下自己吧。或许有一天你会发现，你已经能和"截止期限"相安无事了。

把"最后期限"看得淡一些，
将精力花在做好工作上。

别让电话偷走了你的工作时间

对于我来说，电话只是一种通讯工具，但对绝大多数人来说，电话却是不可或缺的“生命必需品”。没有了电话，工作简直进行不下去。然而，从另一个角度说，不论你从事什么样的工作，电话都很可能成为压力的来源之一。响个不停的电话经常让人不得不停下手头的工作，而当我们忙于打电话时，是很难同时将工作做好的。有时，对于打电话给我们的那个人，我们甚至会在无形中产生一种怨恨感。

职场万花筒

主动缩短电话时间，工作更顺利

有一次，我到一位经理的办公室与他洽谈，还没有开始讲，电话就响了。他立刻咆哮起来：“这破电话一天到晚响个不停！”然后他拿起电话，讲了整整十五分钟，我只好在一边干等着。等他终于挂上电话时，他看起来既沮丧又无力。我们之间刚讲了几句，电话又响了，他只好苦笑着跟我道歉。

后来他承认，自己有很多事做不完，跟他必须接大量的电话有关。我找了个机会问他：“你有没有想过在某段时间专心工作，不接电话？”他一脸愕然地看着我说：“你别说，我还真是从没想过呢。”

事实证明，这个小小的改变不仅让他放松了许多，也使他工作得更好了。他不再接电话，而是在适当的时候回电话，同时主动将谈话的时间缩短。他会这么说：“嘿！琼尼，我只有两分钟时间，不过我会给你回个电话的。”

我们确实很依赖电话，也大量而广泛地使用电话。如果你是前台服务员、接线员或推销员，这样的策略对你可能并不适用，但对于其他大多数人来说，这却是救命良方。在办公室里，如果我不是有些防范措施，恐怕就不会有时间写作或做其他事了。我会在每天的固定时间将电话铃声关掉，除非是事先约好或紧急事故（这种情况很少），否则我不接任何电话。这让我有时间专下心来，毫无干扰地做最重要的工作。

当然，也有许多人因为公司的规定，不得不接电话，或者接电话就是他们工作的一部分。或许，你可以早一点到办公室，在正式工作时间开始之前先关掉电话，或是在下班之后才这么做，让电话留言替你挡一下，以便做一些自己的工作。你可以看看你能否完成更多的工作，同时另找时间回所有的电话。有些电话可以稍后再回，或者再过几个小时，等你可以提供较为详细的答案后，再留言给对方。这只需要花上你一两分钟，完全没必要用十到十五分钟在电话里交流。

针对某些特殊情况，还有别的应对方法。比如，你要怎么处理紧急电话或个人的重要电话？我的办法是，为家人、亲近的朋友和几个重要工作伙伴设立专门的号码。大多数人都会尊重你“仅供急用”的要求。还有一个常用的法子，是请对方发手机短信给你，在适当的时候回复，对那些不能等的急事可以立刻回电。我想，就算你在实行这个策略时遭到许多阻碍，最后还是会发现一切都是值得的。

学会利用手机短信、语音信箱和电子邮箱，
等到适当的时机再回复。

用创意的心态参加“无聊”会议

我曾在一次调查中询问职场人士，对工作中最不喜欢的部分是什么？回答惊人地一致：开会，尤其是那些无聊的会议。许多人认为，每周要开的会议实在太多了，其中有很大一部分是根本没必要的。

我需要参加的会议没有一般人那么多，但有些也的确很无聊。因此，我想出来两个能让无聊会议变有趣的办法，帮了自己很大的忙，那些尝试过同样策略的人也觉得它们确实有效。现在我就把这两个办法告诉给你。

办法一：利用这样的时间练习“活在当下”。也就是说，我会全神贯注参与会议，绝不让自己胡思乱想。这样的自我训练能让我从会议中获得更多有价值的经验。反正我就只能呆在现场，无处可去，我可以选择胡思乱想，但我也可以让自己此时此刻就做一个真正的倾听者。这让我对讨论中的每个话题都能保持高度关注，如果有任何意见，我也可以立刻提出来。

自从这么做之后，我发现自己参加的会议都变得有趣了起来。我变得更有洞察力，也更有参与感。我也注意到，别人都更尊重我了，因为，当你专心听别人说话时，对方也会更专心地听你说话。人们会被你的能量与存在感所吸引。对于真正参与会议的人来说，这就是应得的回报。

办法二：告诉自己，我要从这个会议中学到一点新东西。我会专心听人们说的话，注意那些我过去不知道的事。换句话说，与其抱怨听到的都是老生常谈，或单纯地“赞成”或“反对”所听到的话，还不如从老话中找新意，用新的观点来看事情，或是用新的方法来做事。我发现，当我想学习时，总是能学到些什么。我不会想：“哼！这些我早就知道了！”而是整理自己的思绪，让自己重新开始学习。

这样的做法让我受益良多。我的学习能力越来越强，所有会议都变得十分有趣，我知道怎样让会议变得更有意义了。反正会议是非开不可的，何不用更有创意、更健康积极的心态来度过这段时间呢？这样的想法使我的工作变得更有趣，也更有效率，你也不妨试试看。

开会时全神贯注，不让自己胡思乱想，
你会获得更多有价值的经验。

当“出公差”无法避免，就学会享受它

大多数职场人士并不需要经常出公差，但是对我们这些长期在外奔波的人来说，舟车劳顿是一大困扰。我们会经常碰到时间紧迫、班机延误或取消的情况，还要跟一群毫无耐心的旅客一起长时间挤在密闭的空气中，同时担心着飞机的安全、时差、失眠、饭店餐点等问题，而这些全都是旅行不可避免的烦恼。事实上，商务旅行确实能让人耗尽体力。但我们可以想出办法，对某些事情进行改善，好让商务旅行更轻松愉快。

首先，我建议你对飞机上的空乘人员表现得尽可能友善些。我自己就听过十几个空姐对我说，我是他们见过的最友善的乘客。这种说法让我很不安，因为我其实并不喜欢旅行，在飞机上可能是我最不友善的时候。这说明了一件事：我们每个人在旅行时都是很缺乏耐心的。将心比心，想想那些空乘人员吧，他们不仅要靠飞行为生，还得尽力保持你我的安全与舒适呢。

我已经发现，当我在旅途中表现得友善些或者常怀感恩之心时，时间好像过得快一些，飞行过程也更愉快。而且，当我表现得很友善时，那些空姐们也会用相同的态度给以回报，他们会尽可能地让我的旅途更顺畅。或许这只是我的想象，但我总觉得身边其他的旅客也会更愉快一些呢！

在排队买票时，也请你做同样的事。你会很惊讶地发现，当你率先表现得友善时，别人也会对你作同样的回应。我有过这样的经历：买的是经济舱的票，却被莫名其妙地安排到头等舱或商务舱，或是被优先安排位次，不然就是在客满的机舱中也能安排上位子。而原因竟是，我是唯一一个没有抱怨、也没有让空乘人员为难的旅客。在出公差的时候，宽容与耐心会让你值回票价。

还有一点，在上飞机时，最好多带几本书。在飞机上，你可能会想做些不一样的事，这时不妨读一本平时不太会去读的书。我也遇到过有人在飞机上学外语，他们打开随身听，闭上眼睛，边放松边学习。据说在飞行过十万公里之后，他们就能学说法语或西班牙语了。

当然，你也可以利用这样的时间工作。你正在读的这本书，有四分之一的部分是在飞机上写完的。在飞机上，你会不由自主地想办法消耗时间，或像我一样完成创造性的工作。我前面说过，我并不喜欢飞行，但现在我已经学会期待某些工作要在飞机上完成了。

当你到达目的地时，不管身处何种环境，都要尽量让自己觉得舒适。你是否学过静坐或练习过瑜伽？在孤单的饭店房间中，没有比这更好的活动了。或者，你需要赶一下工作进度？太好了，房间里既安静又没人打扰。在会议开始之前散个步，或是在一天工作完毕后到外面走走。我还发现饭店房间是与老朋友联络最好的地方。我很少有时间在家里或办公室里打电话，但是在饭店的房间里，我可以坐在舒适的椅子上，打个电话给老朋友。

我想我的底线是最大限度地利用商务旅行。要有创意，要善待自己，尽量掌握商务旅行的优点。有一天，当你回顾自己的工作生涯时，你可能会这么说："老天！我跑过的地方还真多，不过每一次都像恶梦一样！"或者，你也可以这么说："老天！我这辈子常常出公差，不过感觉还不错，我把这些时间利用得很好！"不管是哪种想法，旅程终究会结束。其间的差异不在于你旅行的天数、去过的城市或飞行的里程数，而在于你自己态度的改变。所以，下一次出公差时，请好好利用它。祝你旅程愉快！

出公差时，善用旅途时间，
读些平常不会读的好书。

想办法让工作空间变得更明亮有趣

我很想在本书中放一张我办公室的照片，那是个明亮、动人、详和、宁静的空间。事实上，我的办公室中充满友善和欢乐，来访的人都会爱上它，在离去时都会觉得心情比之前好多了。我还可以向你保证，我的办公室绝不花俏，而且在装潢上所费不多。

我的办公室里放了一缸热带鱼，摆着妻子与孩子的照片和几幅别人特意给我画的画。我把这些画都裱了起来，每隔几个月更换一下。换下来的画不会被扔掉，而是珍藏在剪贴簿中，它们是我值得骄傲的展示品。每个周一，我会带来一束鲜花放在花瓶中，它们不但美丽，而且香气馥郁。我的书架上摆满我心爱的书籍，窗外则有一个喂鸟架，经常有小鸟飞来啄食。偶尔我的孩子会来陪我，并把她们的填充玩偶分给我玩，在这些玩偶中，我最喜欢的是一只紫色河马，它的名字叫“快乐”。

我知道许多人没有宽裕的金钱或合适的机会，对他们的工作空间进行大的改动，我也知道我的工作空间虽然适合我，却不一定适合其他人。这都没关系。但是，我经常在走进某一间办公室时产生这样的想法：“难怪这个人的压力会这么大！”在我看来，许多办公室或工作间都是压力的来源，不仅仅是因为那些空间非常平淡、阴暗、缺乏创意，还因为它们缺乏生气、快乐、人情味，以及自然的感觉。

让你的工作环境亮起来，是减轻压力的重要方法之一。想想看，既然你每天花许多时间呆在那里，何不再多花一点时间、精力与金钱让它亮起来呢，就算是一点点也无妨。以我的办公室为例，在我刚搬进去的时候，我发现办公室里铺的地毯又薄、又丑、又暗。我花了几百块钱，买了一块漂亮的新地毯，看起来既明亮又舒服，让人一看到就想走进来。如果我要在这间办公室里待上五年，我每天不过为此花费几分钱而已，但心情却会大大不同。我也相信，我是整栋办公大楼中唯一一个自己花钱装潢办公室的人。有时候，我们真的太不懂得善待自己了。

有时候，你还可以要求你的配偶、朋友、同事或孩子帮你布置你的办公室，你会发现这给大家都带来了快乐。试着挂些画，换张明亮的地毯，放些心灵成长的书籍，摆些鲜花、金鱼缸、充满自然风味的饰物，或者任何适宜的物品。孩子亲手画的一幅画能带来多大的提神效果，可能是你无法想象的。如果你没有孩子，也许你的工作伙伴愿意大方地与你分享他们孩子的作品。就算你是在卡车或货车上工作，你也有办法让自己的工作空间更明亮有趣呢！

喜剧演员史蒂夫·马丁曾经说过："当你弹五弦琴时，很难感到忧伤或悲哀。"五弦琴的旋律中总是充满了欢乐与喜悦，从某个角度来说，我们的工作环境也应该这样。当我们走进办公室时，我们应该对于自己能在这里呆上一段时间感到高兴。所以，何不将这个空间点亮起来，让它变得更有趣、更友善呢？这样一来，你自己也会变成快乐友善的人了。

花一点时间、精力与金钱让自己的工作环境亮起来，
会让你更乐于工作。

适当地休息，让你的工作更高效

在我刚刚开始工作的那几年，我养成了一个很不好的习惯，就是经常忘了适当地休息一下。现在说起来有点尴尬，但我当时真的认为，休息就是在浪费时间。我自以为省出休息时间，我就可以先把堆积如山的工作做完，等到该休息的时候再休息。因此，我即使在午餐时间也继续工作，一整天都很少停下来。

近几年，我却渐渐明白了，在工作中缺乏适当而有规律的休息，不但会使人疲劳过度，还会使工作效能降低。虽然你现在可能没什么感觉，但挫折感一定会在某个时间出其不意地找上你。你会变得没有耐心，丢三落四，注意力低下，经常感到疲惫，创造力与观察力都会在不知不觉间枯竭。而且我相信，时间越久，你所受到的影响越大。

说起来很奇妙，自从我开始注意身体状况，我发现只要保持适当的休息时间，疲劳就不会找上我；如果我连轴转一段时间，很快又会觉得沮丧不安。有时候，为了写一篇文章，我有可能好几个小时都保持同一个姿势，当我站起来时，我会觉得全身僵硬又疲劳。通常在这种情况下，当我回头看看自己的工作时，我总会发现，那并不是最好的作品。

虽然我们每个人的工作效率与能力都不同，但花点时间休息一下，对任何人的身心都有滋养与治疗的作用。工作中的休息不一定要花很长时间，通常你只需要几分钟，让头脑清醒一下，做几个深呼吸，或伸一伸懒腰。再回到工作中时，你会更带劲，注意力更集中，有了全力冲刺的力量，就好像有谁帮你按下了“重新设定”（Reset）按钮，你会觉得自己有机会从头开始了。

这条建议印证了一个道理：“磨刀不误砍柴工”。每小时少工作几分钟，你会变得更明智、更有效率，而且能完成更多工作。当你为自己节省下能量，你的工作生涯或许会因此延长好多年。在结束这一节之前，我要告诉你：我打算起身休息一下，或许你也该休息一下了。

花几分钟休息休息，让头脑清醒一下，
然后再度准备好全力往前冲刺。

工作中的大多数问题，只是“限速带”而已

我很喜欢“限速带”这个比喻。对我来说，与其将工作中的种种问题无限放大，不如将它们看成是公路上突起的那些提醒你减速的限速带，你对问题的不同反应，会造成不同的结果。如果你把这些问题看成是恐怖的、令人不舒服的经验，因此把油门踩到底想要快速通过，你可能会感受到严重的颠簸和巨大的噪音，你的车子可能会受损，你自己也有可能受伤，别人也会觉得你既愚蠢又讨厌；如果你减慢车速、谨慎通过，就可以顺利越过限速带，你不会受到任何伤害，你的车子也会完好无缺。当然，无论用哪一种方法，你都可以越过限速带，但你的感觉却会有天壤之别。

如果你喜欢玩滑轮或骑脚踏车，就更容易明白这个道理。身体紧绷是很难越过限速带的，你的姿势会很难看，还可能会跌倒。这个时候，限速带看起来也会比真实尺寸大得多。

工作中的问题也是这样。你可能会被许多问题困扰，不断地提醒自己生活有多艰难，把这些问题当成你“倒霉”的明证，这会让你时刻绷得紧紧的。很不幸，这就是一般人面对问题时的心态。但是，如果你能将工作中的问题看成是限速带，你的感觉就会完全不同了。开车行进在路上时，我们总会不时碰上一两个限速带，这不过是驾车的一部分。你可以坚持反抗，也可以放松下来接受它。如果某一天出现了问题，你只需要告诉自己：“嗨！又来了

一个。”放松一点面对问题，你受到的冲击就不会太大，甚至没什么感觉了。之后，你就可以决定用哪种最有效的方法、最优美的姿势越过限速带，你越是平静、越是放松，就越能轻而易举地度过难关。

如果你开始实践这条方法，将问题当作限速带而非紧急事故，你会惊讶地发现一天的工作井井有条。请始终坚信，问题固然棘手，但你能想出最好的办法来解决它们。

以最有效的方法、
最优美的姿态越过工作中的限速带。

让电子邮件帮你省出工作时间

每当我听到有人说："老天！你的邮件写得可真够长的了！"我都会忍不住轻笑起来。没错，有时我确实会写很长的邮件，但必须承认，发邮件能帮我们节省大量的时间，而且也是非常理想的沟通工具。

在一封邮件中，你可以留下很多讯息，可以针对细微问题作详细的问答，收件人则可以在自己有空时再打开邮箱，仔细地反复读上几遍。发邮件可以让你畅所欲言，却又不占用或干扰别人的时间。最棒的是，收件人不需要立下决策，也可以避免自我辩护，或在没看完所有事实之前就下结论。如果需要查询以前的谈话记录，邮件也比电话方便得多。

当然，我并不知道你的工作习惯。我的每个电话都至少要说上六七分钟，有时甚至更长。我想，许多人打电话至少要包括"你好"等几分钟的寒暄，再加上一些枝枝节节的废话，等到谈及正事的时候已经花了不少时间了。我曾经算过，即使我刻意节省通话时间，每个电话我还是会说上十分钟左右。如果你每天要打好几个电话，积累起来的时间不是很惊人吗？

可能你会以为，作出这项提议的我可能很不愿意与人当面交流。其实，只要我有时间，或者使用邮件不方便，我是很愿意在电话中与同事或朋友谈谈的。当然，如果两个人要谈心，邮件就未必是个好方法了。但在其他时候，邮件的确是很好的选择。

职场万花筒

如果不是用邮件沟通，我们可能一本书都没写出来

我和我的工作伙伴本杰明合写过四本书。我们俩经常使用邮件，几乎 90% 的事情都是在邮件中沟通的。我们住的地方相距几百公里，邮件是非常有效的沟通工具，也让我们的工作变得有趣又轻松。

因为我们两人都有正式的工作，所以只能利用空档时间整理思绪，再利用邮件将想法传递给对方。我们会在午餐时间查看邮件，再将自己的想法写回给对方，或者在一大清早或晚上时这么做。我们曾经一起讨论过，如果不是用邮件沟通，或许我们到现在连一本书也没写出来。要让我们两人在忙碌的行程中抽出空来，坐下来一起进行头脑风暴，根本就是不可能的事。

我知道这并不能解决所有的问题，但对于大多数情况而言，邮件确实能节省不少时间，也是某些时刻里最好的沟通工具。如果你已经在工作中充分利用了邮件的沟通方式，你可以把这个点子送给其他需要帮助的人。我相信，你们的工作效率会因此而有所提高的。

与其为别人的不胜任而大惊小怪，
不如想想有很多人的工作表现很称职。

与其发牢骚，不如尽力做到最好

我们经常会花时间希望事情与现在不一样，我们会抱怨、发牢骚、自怨自艾。但是仔细想一想，当我们做这些事时，除了浪费时间，我们什么也得不到。倒不如经常提醒自己活在当下，对自己所做的事用尽全力，你反而会发现，自己立刻就有改变。

每当你觉得压力太大，或有难以胜任的感觉时，不妨问问你自己：“我正在做什么？”是不是正在想压力很大的事？是不是又在提醒自己有多忙？是不是认为自己有权利沮丧不安？你在强化负面的能量，还是充分利用了此时此刻？你的态度与思维方式都是积极而正面的吗？你会努力解决问题，还是制造问题？

我在几年前开始实行这个策略，并从中发现了一些很有价值的东西。每当我觉得消极、受挫或悲观时，问自己这个问题，会让我感觉好一点。其实，当你有挫败感时，就是在浪费时间自怨自艾，而非尽力去做到最好；你会想到所有困扰你的事，觉得自己一生的遭遇何其不幸！但是，当你拼尽全力时，你就不会再为小事抓狂了，因为你的精力正投注在解决问题上，而非只是担心问题。想想看，如果你在此时此刻这么做，在未来的每一个时刻也这么做，你的生活将会起多大的变化？你会变得更有效率，你的能力会更强，最重要的是，没有什么事情能干扰你了。

节奏慢一点，你能完成更多工作

许多人都只有两种"速度档位"：要么快，要么更快。在工作的时候，我们经常急得不得了，恨不得一次要同时做三四件事才行。对于同事，我们通常只会付出部分的关心，或把他们说的话只听一半，因为我们的脑子经常是一片混乱，而且随时都在快速地运转着。

我们大家都这么急急忙忙的原因，或许是每个人都怕落伍或是失去优势。我们的竞争者和身边的人都在以极快的速度前进，使我们觉得自己也非得这么做不可。但是，当我们的头脑处于疯狂超速的状态时，我们的注意力就不能集中了。我们很容易犯错，很难决定事情的轻重缓急，因为我们急着把一切都做完。因为节奏太快，压力、紧张、激动都会随之而来，让人变得急躁易怒。在超速前进时，人是很容易为小事抓狂的！

你可以做个试验，看看自己能不能试着慢下来，从思想到行动。如果你能这么做，我想你会很高兴地发现，自己变得更轻松，也更有效率了。因为你有机会重新整理思绪，也能照顾到全局，你的压力指数会急速下降，思路与听力都会更敏锐。你将变得能预见问题，而不是身在其中，茫然不知所措。

以我自己为例，现在的我做事的速度是十年前的一半，但我完成的工作却是从前的两倍。当你冷静又从容时，你会很惊讶地发现自己能做到的事有这么多。更重要的是，你会比"高速运转"时更能领略工作的乐趣。

时刻保持头脑清静，事情自会解决

当一件工作顺利完成时，很多人都会认为翔实缜密的分析和思考是成功的关键要素，但我却想提醒你，有一项元素也是同等重要的，那就是你的自信和直觉。它们不仅会给你提供无限的创意、大量常识与绝佳的方向感，还会让你的生活更轻松，更没压力。这是真的，因为分析性思考有时会被数据的缺乏或外在的干扰所阻碍，而你自己的能力却会给你信心，你知道自己该怎么做。当你要作决定、想新点子或解决问题时，它会给你提供来自内在的支持。

让我们来比较看看。当你运用分析性思考来解决问题时，你必须非常努力地促使你的大脑转动，因为分析性思考要运用到大量的数据、推理、估量、计算、比较与质疑，这确实需要一点努力。你可能会为找到一个答案而挣扎不已，你想了又想，拼命拷问自己，又分析了一大堆数据，看了一遍又一遍，却什么也没发生。当你这样思考时，会很没有安全感，又害怕又有压力。你拚命地尝试，加倍地努力，很容易让自己筋疲力竭，却无法确定自己是否能找出答案。在这种情况下，你当然会变得很容易为小事抓狂了！

然而，基于智慧的能力与直觉却需要清净的头脑。你不是在催促想法出现，而是等着它自己出现。某些时候的灵光一现，一些聪明、适宜又巧妙的想法，不知怎么就冒了出来。你要学会信任自己，让自己保持头脑清静，而不是塞满一堆数据，这样才能获得最好的解决方案。这就像是要煮一锅香喷喷的好汤，必须要用小火慢炖一样。当你放慢速度时，你的头脑通常会有效率得多。

职场万花筒

灵光乍现的创意点子，让她超额完成了工作

卡萝在得克萨斯州的一个大型小区担任物业经理。她的工作既要让现有住户满意，又要招揽新住户。她告诉我她是如何想到好点子的。“几乎所有的物业管理人员都觉得这项工作既无聊又无趣，我想他们都是把自己关在框子里了。我觉得，我最好跳出这个工作框子，想想不一样的东西。如果我要想出一个新点子来招揽住户，最好的方法是不要拼命地想，先到外面走走，然后就像是变魔术一样，会有一些点子突然跳进我的脑海中！这么多年来，我想出了几百个简单又有创意的点子，让我的部门与众不同，我学会了信任自己的直觉，就跟信任自己的分析能力一样。这让我非常轻松，而且非常有效率。”

我问卡萝，她所谓的效率到底有多高？她很自豪地回答：“我们小区没有空房子，而且等待名单已排到一年以上了。”

下次当你发现自己为了思考而努力挣扎时，试着理清思绪，让自己的直觉发挥一下力量。你可能会很惊讶，自己这么快就获得答案了。如果你经常练习，你就能将它运用到每天的生活中。直觉是很有潜力的工具，学习信任你的能力和直觉，你会成为一个没有压力，工作效率又高的人。好好地运用这个力量，能使你的生活异常轻松。

有“减压”的好点子？勇敢地跟上司说说！

几年前，我跟一位男性朋友聊天，提到他所在的公司。他说他和同事都觉得工作压力很大，而公司的主管阶层“自私自利，冷漠无情，从来没关心过公司里超负荷工作的员工”。

我问他：“如果由你来掌管公司，你会作些什么改变？”他显然想过许多次了，立刻回答说：“如果由我来当头儿，我会让同事们穿得更随便一些，星期五也会早一点下班。我会在公司设立健身房，为员工提供托婴服务和定期按摩服务。”我说：“好，听起来很不错。当你提出这样的建议时，他们怎么说？”长长的沉默。最后他承认，自己根本没向上级提出过这些要求。

这位朋友或许跟其他许多人一样，都假设他的老板知道该做这些事。对于老板，他们做了最坏的假设——他们是怪物，从不关心员工的健康或意愿。其实他们错了。

六个月后，这位朋友给我打了个电话，让我觉得很感动。他说，自从他鼓起勇气提出上述建议后，简直被公司的积极回应吓坏了。好多人，包括他的老板，都对他说“我以前怎么从没想到过这些事儿呢？”或“你这些想法真棒！”他还说，在他的建议被采用之后，许多同事也受到鼓励，纷纷提出建议，现在也都在慎重评估中呢！

虽然我不敢说所有的老板都关心自己的员工，但至少有很大一部分是这样。有时候，并不是他们不想减轻公司内部的压力，而是没有人提出建议，他们也不知道从何处入手。**在公司里永远不缺抱怨的声音，但却很少有人愿意理性地将这些问题摆到桌面上。**

即使你不能说服你的老板作出改变，但把自己的想法说出来，同时听听他们的理由，也能帮你减轻一点压力。虽然你期望的改变可能不会发生，但是你的公司内部一定会有跟你一样的人，他们关心你的压力问题，并且会尽量想办法帮你的忙。这会让你感到受人重视，对公司也会更有认同感。退一万步讲，就算你提出了倡议，却没有任何人关心，至少你自己知道，你已经为改善工作环境尽了一份心力了。

我还认识一个朋友，她在纽约一家跨国公司工作。前段时间，她向公司提出申请，希望能每周在家工作四天，只在星期三去办公室，这样她就可以搬离市区，而且能多花点时间跟她儿子在一起，老板同意了。老板的通情达理让她很受感动，她觉得自己的公司很棒，从此更加努力工作，这种皆大欢喜的结果，岂不是人人都愿意见到？

一些公司则采纳了员工的其他建议，譬如星期五的弹性工作时间，公司内的健身空间，或是一些专为员工设计的减压方案等。我熟悉的一家公司在游览胜地建了一批度假小屋，免费向员工开放，员工可以自由选择时间度假；这家公司内部还摆放了一些饮料贩卖机，不需投币即可享用；另外，他们还会经常邀请有趣的来宾给员工演讲……

当然，并不是每家公司都有这样开放的心胸与视野，但当你被拒绝时也不要灰心，因为这样的努力永远是值得的。如果很多人都想改变，总会有一两个人会把话传到“上面”去，到时候，谁知道会不会有惊喜在等着你呢？

希望公司的管理者知道，没有压力、快乐工作的员工，也是效率最高、最忠诚的员工。他们不会像那些压力巨大、感到自己不被重视的员工那样容易辞职。而对于普通员工来说，有时候你轻描淡写提出的建议，可能真的会给工作环境带来好的改变呢！我希望这样的事就发生在你身上。

上下班路上，不妨听听有声书

有一次，我跟一家大公司的主管谈话，他向我抱怨每天上班都塞车，几乎每天都要花一个半小时在路上。“哇！”我说，“太糟了！但你至少可以看看书呀！”结果他却用一种阴沉沉的声调说：“你在说什么啊？我哪有时间看书？”

开始我还以为他在开玩笑。但后来发现他好像是认真的，于是问他：“你没有在车里听有声书的习惯？”他摇摇头。“那你每天3小时的往返时间都在做什么呢？”他不知该如何回答，他确实不知道这3小时是怎么过的。我推测他把这段时间大都用在抱怨混乱的交通上了，可能还花了一点时间听听新闻，或用手机打了几通电话，剩下的时间，他只是坐在那儿巴望事情会变得不一样。话说这个人可是受过高等教育、非常成功的生意人呢！我怀疑他如果想到自己的员工每天也可能浪费3小时的通勤时间，都不知道自己做了些什么，会有何感想？

假设他每年工作50周，那么他一年就花了750个小时在通勤上。这对任何人来说都是巨大的浪费，更何况他完全可以作出其他的选择。虽然不是全部，但现在许多好书现在都做了有声书。如果你通勤时间真的很长，在来回的路上不妨听听有声书，这会让你的通勤时间变得很有价值。

我就很喜欢有声书。我的两个孩子年纪还小，我的工作行程表整天都是满满的，经常要旅行出差，还有一堆其他兴趣，因此我根本没时间读我想读的书。但有声书帮我解决了这个问题。我每天的通勤时间并不长，但我会尽量将开车或塞车时间利用起来。住在旧金山湾地区，碰到交通阻塞太容易了！在这样的时间里，我总是会听各式各样的有声书小说、励志小品或其他任何一种书。

如果你跟大多数人一样，每天要通勤上班，时不时塞在车阵中，开心一点吧！现在你知道要如何运用这种时间了（如果你是搭公交车或坐火车的话，你不但可以听，还可以阅读呢）。搞不好你还能成立一个“有声书俱乐部”呢！你们四五个人可以共买一套书，轮流交换听。你只需要花一点点钱，就能有很大的收获。试试看吧！这样，当你由办公室回到家中的时候，你就不会再抱怨交通问题，而是会谈起你刚听到的新书内容了！

信任自己的能力和直觉，保持头脑清静，
就可以获得最好的解决方案。

凡事都要给自己预留些时间

最近我接到我的会计师打来的电话，通知我报税延误了，她的言语闪烁其辞，所用的借口也是千篇一律：“这个项目太复杂，时间不够用。”如果你深呼吸一下，我想你会同意我的想法，这对正在等待结果的人来说，是最荒谬的理由。这个理由所强调的只是这件事还会继续延误下去，而你正是它的牺牲者。

任何一件事都需要一定的时间来完成，不论是报税、交报告，还是建一栋房子或写一本书。虽然有很多事是出乎我们意料之外的，但在大多数的情况下，你还是可以安排出充裕的时间，甚至有多余的时间以备不时之需。

举个例子，会计师一定知道她的工作是很复杂的，她也必须在工作时间表上排出解决难题的时间。她一定也知道政府要求的报税截止日期。为什么她会等到那么晚才开始工作？为什么她要用“太复杂”做借口，而不肯说是自己开始得太晚？要完成这件事所需要的时间都是一样的，她可以早一个月开始，也可以等上一阵子才开始。

大多数人不只是在工作中，在私人的生活中也会做同样的事。我认识的许多人都有迟到的习惯，不管是乘公共汽车接孩子上学，还是星期天上教堂，或是为客人准备晚餐。

最有趣的一点还不是他们的迟到，而是他们所用的借口：“我得接三个孩子。”“上班之前我必须要先到两个地方去一下。”“出门前总是很难把所有的事情都弄完！”“晚餐请客总让我手忙脚乱！”

我承认，要把所有的事情做完是很不容易的事，但在这些例子中，你所做的都是早就可以确定的事。你知道你有几个孩子，知道他们需要多少时间准备，需要多少时间到他们要去的地方；你知道开车上班要多久，堵车要多久；你也很清楚晚宴需要花多少工夫准备，才能把所有菜肴安排妥当。当我们用“时间不够”做借口时，我们就是在欺骗自己。这也只会保证下一次我们还是会犯同样的错误。

要解决这个问题需要一颗谦逊的心。唯一的解决方案是：承认在大多数情况下，你确实有时间，但你必须要早一点开始，以确保会有多一点的时间，不至于让你总是匆匆忙忙。如果你总是慢上 5 分钟或是 30 分钟，你会带给自己与别人很大的压力。

我这本书的截止日期是今年的九月一日。我在六个月前就知道这件事，因此有很多时间可以工作。你想我要是等到七月十五日才开始工作明智吗？当然不，这会让我自己和出版商都有很大的压力。我会搞得手忙脚乱，也会不得不粗制滥造以便交工。但这正是许多人正常的工作状态。他们等了太久才开始，然后抱怨还有许多其他事得同时进行。

想想看只要你早一点开始工作，你的压力就会减轻许多，你也不用一个项目赶完再接着赶另一个，你会有很多的时间；你不必紧抓着方向盘，在道路上不停穿插，好及时赶到机场或办公室，你会早到几分钟，有点时间休息；你不会再让其他孩子的父母等得心焦，只因为你的孩子太慢了。你会建立起好名声，人们信任你，当你是可靠的朋友。

这是我书中所建议的最简单的策略之一，而在某种程度上来说，也是最重要的。一旦你养成习惯，早一点开始，你生活中的压力，或至少一部分你无法掌控的情况，就会消失不见了。

让工作井井有条的“快乐三原则”

这个“快乐三原则”是我自己发明的，如果你想要学着做个更不容易动怒、更快乐的人，我认为以下三点对于你非常重要：沉着回应、接纳雅言与合情合理。

“沉着回应”指的是对身边发生的事作出适当的反应。与其像平时一样被习惯所左右、恨不得立即作出反应，不如保持冷静，根据当时的状况，选择最适当的行动。沉着回应的人能看到事情的全貌，能考虑双方的立场，而不会受限于自己习惯的做事方法。如果真有需要，能沉着回应的人也愿意适时改变方向，而且能在适当的时机对自己的错误表示歉意。举例来说，一个建筑师很容易碰到意料之外的问题——不确定的土质、资金不足或偶然的设计错误等等。一个反应过度的建筑师会紧张得跳脚，大发脾气，而一个好的建筑师则会沉着应对困局，尽力把工作完成。

“接纳雅言”指的是广纳想法与建议。这就是说，当你需要时，你愿意接受任何对你有帮助的数据、创意、新点子等，这跟封闭、顽固的思想完全相反。一个愿意接纳的人，也是拥有开放心灵的人，即使他们已经是专家，也愿意学习。因为他们不会自我防御，同时也有很强的学习能力，所以最后往往会冒出最好的点子。他们是一群有趣的工作伙伴，因为他们脑中想着的是“框框之外”的世界，对任何事都有独到观点。

职场万花筒

与其只靠我一个，不如让千万个聪明头脑一起工作

我很荣幸认识一位退休的大公司总裁，他是我所见过的最能接纳雅言的人。他在做大企业主管时就喜欢倾听别人的建议，也常采纳别人的意见。他不会固执己见，认为自己的想法都是最好的。他会放下身段，找寻解决问题最有效的方案。

他告诉我：“这让我的工作变得很容易，因为我真心诚意接受建议与想法，而不是叫他们闭嘴。我可以让几千几万个聪明的头脑一起工作，而不是只靠我一个小小的脑袋来工作。”

“公正合理”是指能用公平的眼光看待事情，而不是让偏见混淆自己的想法。你不但能看到自己对解决问题的贡献，也能看到别人提供的不同观点。“公正合理”能让你站在别人的立场，看到事情更清楚的全貌，保持冷静的洞察力。一个公正的人也是受欢迎、被人尊重的，因为他们愿意倾听，所以别人也愿意专心听他们说话。公正的人很少树敌，也很少起冲突。他们会超越自己的需要与渴望，更愿意付出爱与关怀，乐意助人。

努力实践“快乐三原则”，我相信你身边的所有事都会井井有条，一点都不用你烦心了！

先做最烦人的事，尽快把它们清理掉！

在工作中，我们常常有这样的倾向：明知那些棘手的工作要赶快完成，却想尽办法避免，甚至说服自己不要做，任其被无限止地拖延下去。总之，我们会想办法让最坏的状况留到最后。然而，有时候提醒自己“麻烦事要速战速决”是很有帮助的，当我们遇到恐惧、不愉快或不舒服的事时更要如此。

我想把我自己的一个习惯告诉你，它能让你节省许多时间，不会让你在不必要的压力或忧虑中浪费精力。这个习惯就是在一天刚开始时，先做最烦人的事，赶快把它们清理掉！

比如，我可能要打一个不想打的电话，或做其他任何我不想做的事。我会先说服自己，最实际的做法就是在做其他事之前，先打那通电话。打完就算了结了一件事！这样我就能减轻等待打电话的压力。除此之外，我处理起事情来也更得心应手，因为我变得更轻松、更能应对局面了。我没有浪费时间忧虑或预演我的电话对谈，这也让我能活在当下，而这正是能有效地、平稳地解决问题的重要因素。

用不着说，把最烦人的事放在最后，是你一天当中最大的压力来源。就算你并没有时刻想着那件事，它都挂在你心头，无论如何都不会自动消失。它就像是一个幻影，你拖得越久，那个幻象就越具体，你会不停地想象着最坏的状况，让自己心悸不已。长此以往，你会变得既紧张又焦虑，任何到你手中的事都会让你抓狂。当压力积累到某个程度时，它甚至会让你的精神无法集中，影响到你的正常表现、判断力与观察力。

最简单的解决方法就是直接面对问题本身，不管是什么都立刻清理掉。你会大大地松一口气，然后好好地过一天。我相信这中间一定有例外，但我还没有因为这么做而后悔过。我确定能让我头脑冷静，也更乐于工作。我唯一的担忧是，以后我要是一大早打电话给谁（如果他也看过这本书），或许他会以为我要跟他解决什么问题呢！

放松头脑，让创意、灵感源源不绝

毫无疑问，这是我所学到的最重要的心理技巧之一。事实上，这已不再是一种技巧，而是生活方式了。这会帮助我的产能增加，而且让我绝不会在工作中为小事抓狂。

有时候，你不知道要怎么做，或是不能马上找到答案，但还是拼了命地想把事情解决掉。你很努力地想办法，用头撞墙（只是个比喻），非要把答案找出来不可，甚至使尽自己的拿手绝活。问题是，在这种状态下你使出来的通常并不是拿手绝活，而问题仍然得不到妥善解决。

绝招使尽，你很沮丧，简直要放弃了。几分钟（或几小时）后，你开始做一些不相干的事，想一些其他的事，然后，突然，天外飞来一个念头，答案出现在你脑海中。不只是答案而已，还是真正理想的答案。“就是这个！”你高兴得不得了。

其实，当你面临重大抉择，需要作决策，却没有现成的答案时，最好的办法就是退一步，静下心来，不要多作无谓的努力。这样做能让你的头脑放松，让你内在的智慧有机会发挥功能。换个角度来看，当你觉得有压力时，你的头脑也会受到阻碍，但是你若放松自己的思想，智慧和经验就会自动浮现来帮助你，好点子也会源源不绝了。

这并不是所谓的运气好。事实上，我们的头脑放松时，要比在紧张的时候更有创意、更有点子、更聪明，也更容易接纳新观念。这确实是很难接受的想法，因为努力工作似乎是很重要的事。当然，努力工作并没有错，但拼命想东西却不见得是好事。我们总有个错误的观念，以为我们放松时，头脑就停止运转了。这绝不是真的。当我们的头脑清静时，它仍然在运转，只是用不同的方法而已。

另外，当你的头脑在高速运转时，整个思绪就会不停翻转。不停活动的头脑会让同一个问题重复出现，鼓励你不断地跳进既定的框框里面。你的想法会不断地重复，告诉你一些已知的事实。你运用了大量的精力，创造出许多不必要的压力与焦虑。而你可以猜想得到，一个过度活跃的头脑，正是适合为小事抓狂的最佳情境。

总之，当你不停地用脑时，你的智慧甚至普通常识都会不见了。有时候，过度用脑反而使你看不清楚最简单的事实。我知道强调不要太过努力听起来有点奇怪，但这却是真的。我希望你能试试看，我确信这会让你的工作生涯轻松许多。

放松头脑时，创意、点子会源源不绝，
也更能接纳新观念。

尽量不要让你的工作留尾巴

我想许多人都不知道，有一堆未完的工作挂在心上会造成多大压力。我之所以对这件事感兴趣，是因为其实这是很容易解决的事，只要忍耐一下，事情就能做完了——不是几乎完成，而是 100% 完成，可以交出去了。

我认识不少很能干的人，他们都会自主自发地工作，但不知是什么原因，有些人就是不能把工作全做完。当然，他们几乎快做完了，有时候甚至完成 99% 了，但剩下的那一点事就是挂在那儿（也挂在我心上）。通常完成这最后一点所花的时间，跟做完那 99% 所花的时间是一样的。

当你完全搞定一项工作时，许多好事都会随之发生。第一，你可以享受那种完成的快乐。你计划的事终于做完交出去了，你会觉得很轻松，可以往前迈进了。除此之外，你也会尊敬自己，别人也会觉得跟你工作很安心。你传递给人的讯息是"你可以信任我"及"我是值得信赖的"，你也认可自己是"能胜任工作又值得信赖的人"。这让人们愿意将工作交给你，希望你成功。

无论你是为公司或客户工作，如果你没有依照约定的计划完成你的工作，别人总是会很不高兴的。更糟的是他们会在你面前或背后对你抱怨不停。这样造成的压力其实很不值得。尽量努力将工作彻底完成，岂不是要更容易些？

这是一个很容易打破的习惯，只要注意这样的倾向，提醒自己要完整做好一个工作。你其实是能做到的。你会发现，你的生活变得分外轻松。

聪明授权，让你的生活更轻松

学习授权能让你的生活容易得多，这个道理很明显。当你容许别人帮你的忙时，当你相信别人、信赖别人时，你就有更大的自由去表现出你最好的一面。

我发现许多人就算成就再高、再聪明，通常都不太懂得授权。这种感觉就像是：“我可以自己做，我也能做得比任何人都好。”这样的态度其实有很多问题。第一，没有人能做所有的事，或是同时出现在两个地方。严重的责任问题迟早会找上你。因为你要做的事太多了，你的工作质量就会出问题。学习授权能帮助你解决这个问题，而且让你集中精神去做最擅长与最喜欢做的事情。除此之外，如果你不懂得授权，别人也没法让你知道他们的专长在哪里。从某个角度来说，这是有点自私的。

职场万花筒

学会授权后，她重新找回了她自己

珍妮弗在一家生意繁忙的公司处理抵押贷款的工作。她很优秀，几乎所有的事都能做！她对自己完成工作的能力充满自信，因此很怕授权给任何人。无论是打个电话与贷方谈判、与客户沟通，还是填一张表格，她都要从头到尾事必躬亲。

刚开始，她把事情都安排得很好。但一年一年过去，她的时间越来越不够用，不愿意授权的这个问题还是找上她了。她犯的错误越来越多，而且变得很沮丧、健忘、压力很大。她的同事也都认为她变得脾气暴躁，骄傲自大了。

在一项帮助她有效安排工作优先级的研讨课程上，她发现自己最大的缺点是不敢授权与分派责任。她开始明白，一个人不可能永远什么事都一把抓而不出错。当她从小事到大事开始授权时，她看到了通道尽处的亮光。她的心情冷静下来，也能放松了。她知道自己的才能可以用在哪里，她的时间该怎么善加利用。她告诉我："我又找回了我自己。"

当你授权时，你不只帮助了自己，也帮助了别人。当你需要帮忙，与人分享责任，或授权给别人时，也就是给人一个机会表现出自己的能力。在出版界，一个资深编辑可以让助理编辑做一些特定的编务工作，即使那位作家可能是他自己的最爱。这不但能够节省资深编辑的时间，也给助理编辑一个表现自己能力的机会，让他有机会给自己的职业生涯加分。

我还见过一些善于授权的空乘人员，他们能让大家一起工作，发挥团队精神，而使每个人的工作量都降低。但是我也看过一些空乘人员坚持什么都要自己做，结果让旅客迟迟无法得到服务；我也看过一些很棒的厨师懂得将切菜之类的杂活分摊出去，他并不是不喜欢那些工作，但这样他就能集中精神做自己最擅长的事了。

无论你是在餐厅、办公室、机场、零售商店或任何地方工作，学习授权的技巧能让你的工作轻松许多。当然，有些行业或专业是不容许授权给别人做的。对大多数人来说，授权时最好不要这么说："喂！你做这件事！"如果你就是这种人，最好先在家里试试，看看你的配偶或室友会不会帮助你。你或许能找出几个办法，让自己在授权时表现得更有亲和力一点。如果你能这么做，你不但会多一些空闲时间，生活也会更轻松自在呢！

用创意性的眼光看待你的工作

对于这条策略，我觉得非写不可，因为多年来我跟许多人谈过话，他们都抱怨自己的工作“缺乏创意”，或渴望能得到一个更有趣的工作。

的确，你可以把每一种工作都当作是缺乏创意的工作。你每天都很担忧，计算着时间，一再提醒自己工作有多无聊，不断抱怨，同时又期望着事情会有所不同，然而，你也可以提醒自己：“事实就是如此。”你只能全力以赴，做到最好为止。你可以微笑，充满热忱，用正面而积极的态度面对工作，找出让它尽可能有趣的方法。你的工作时间还是一样的，但是感觉却完全不同。你一年下来的工作成果会比以前多很多。

你可能也会跟我说：“老天！那是因为你没看过我的工作。”当然，这条策略不一定人人适用，毕竟每个人的情况都不同，不过你确实可以用它改善自己的状况，就像下面这个例子一样。

职场万花筒

“如果没有我这样的人，人们就不会有房子住”

有一个记者看到两个工人在大太阳底下砌砖头，于是跑去采访他们。他先问第一个工人是怎么运用一天的时间的，对方疲惫不堪

用积极正面的态度面对工作，
更容易发现工作的创意和乐趣所在。

地说："我花了好几个小时站在大太阳下，挑选这些笨砖头，然后一块一块叠上去。你就别来烦我了！"

于是，记者又转向第二个工人，问他同样的问题。这个工人的的回答完全不同。他的语气温和又热情："我将这些简单的砖头砌成美丽的建筑物。如果没有像我们这样的人，人们就不会有房子住，也不能赚钱了。"

这个故事所说的道理是：虽然两个工人说的都对，但工作状态如何，完全看你怎么去定义它。这是真的，我曾经碰到一些收费员说他们的工作不是向人们收费，而是看自己能让多少人微笑；我也见过一些卖爆米花和糖果的人像职业球员一样娱乐他们的客人，总是笑容满面，表现出精神振奋的态度。

我发现，能用积极正面的态度来工作的人，也是最能享受工作乐趣的人，如果他们愿意，他们也是最快升职的人。他们的态度让自己愉快又轻松，也让别人受到鼓励与启发。客户喜欢这样的人，同事也喜欢这样的人。他们会用午餐或休息时间读书，学习新东西，或是思索自己的目标，看看如何能达到目的。他们从不觉得自己是别人的牺牲品，总是在向专家请教，也倾听别人的建议。从一开始他们就知道"事实就是如此"，但他们尽量做到最好。如果你认为只有某些工作或行业才有趣味，不妨多想想这个概念。当你尽力而为之后，你会发现几乎所有的工作都是有"创意"的。

Part 3

和谐人际交往篇

职场不是"无人岛"，学会与身边的人保持和谐关系，不仅会使你的工作更轻松顺利，还会为你打开通往成功的大门。何不试试看呢？一点小小的改变，也许会收获大大的惊喜。

DON'T SWEAT THE SMALL STUFF AT WORK

远离“抱怨综合征”

到企业或团体讲课是我的工作之一，在讲课前后，我有时会受邀参加聚餐或集会。在出席这些活动时，我发现许多工作场所都有一个普遍的现象，我称之为“抱怨综合征”。

所谓抱怨综合征就是，一抓住机会就与别人谈论自己的工作有多辛苦，干得多卖力之类的话题，不是作为开场白，而是把这些当成谈话的重点，好像这样不眠不休、完全没有私生活地拼命工作，就等于在胸前别了荣誉奖章一样。我听过成千上百的人谈到他们一天工作十几个小时，也听到不少人说筋疲力竭是生活中的正常现象，他们必须早早到公司，已经好几个月没有与配偶、孩子好好相处，休假就更别提了；我也听过有人说忙得没时间约会，或者连吃饭的时间都没有，更夸张的是，还有人说他连上厕所的时间都没有！

虽然抱怨综合征听起来很夸张，但它的确是个极为普遍的现象，很多职场人士都容易染上这样的毛病。

在我继续往下说之前，我先要声明，我并非对勤奋工作持否定态度，也不是不了解工作的难度，我毕竟也是这样走过来的。问题在于，**抱怨综合征只会让你的沮丧与压力更巨大，让你老是把注意力集中于自己工作的负面效果上，结果你只会变得越来越自我，对工作和事业发展毫无益处。**

退一步来想的话，你多半也会同意，抱怨综合征患者的话题其实很无聊，毫无建设性。我曾观察过这些人与别人对话的场面，几乎没有一个人真正有兴趣听别人谈论自己多忙多累。通常这些人在听（如果你可以称之为“听”）别人说话时，他们只是在等这个人说完，好轮到自己吹嘘。更有甚者，在别人说话时充耳不闻，左顾右盼。反正“忙碌”也不是一个新话题，成千上万的人都谈论过了！

除非你真的是重要人物，或做着一份独特的工作，否则你也会发现，要别人听你大谈自己的忙碌史，是件很无趣、很没意义的事情。我个人会很努力地避免加入这样的谈话，宁愿跟一群人谈谈生活趣事，我想你也一样。

所以，不管从什么角度来看，抱怨综合征都不是一件好事。如果你真的很忙，你要做的不是想办法减轻工作量，就是努力跟上进度。“抱怨”这种于人于己都毫无益处的事情，还是不要做吧！

如果你很忙，就要减轻自己的工作量或想办法跟上进度，
而不是一味地抱怨自己忙。

学会与“人民公仆”和平相处吧

几乎所有人的工作地点都有繁文缛节需要遵守。除了中央机构、地方政府、社会福利单位、邮局、警察局等官僚作风盛行的公立机构之外，每家企业也有一套自己的“规章制度”，无论是在哪个领域都绝无例外。

对于这些无聊的条条框框，几乎所有人都觉得烦不胜烦。当然，你可以花上一生的时间来抱怨咒骂，与官僚作风抗争到底，但官僚政治毕竟不会真的消失，你还是得面对它。我的建议是，不要作无谓的抗争，想办法与这些繁文缛节取得妥协。

职场万花筒

当公司“被关门”，你该怎么办？

乔拥有一间小型公司，共有员工六人。有一天，他突然接到税务机关的文件通知，宣称他的公司已经关门了。问题是公司还在运作，是税务机关弄错了！

在他写信、打电话向对方澄清事实的过程中，警告文件仍一封封寄来，显示他的公司已经正式停止营业，这简直要把人逼疯。折腾了六个月，问题才终于澄清。幸好，乔在这一过程中并没有惊慌失措，这成了问题最终得以解决的关键。他告诉我："从统计学上来说，这样的事迟早会发生一两次。"与其神经紧张或自乱阵脚，不如像他一样，保持冷静与清醒的洞察力。

让我说得更清楚一些。我并不是建议你百依百顺地做个官僚体质的牺牲者或是追随者，也不是要你在面对一些匪夷所思的"调查结果"时保持笑容。我真正的建议是，**当你在面对这些体制中的人或事时，尽量从正面的角度来思考，尽最大可能让自己免于神经紧张。**

在与官僚体制接触时，最重要的是保持这样的心态："我知道一定有解决的办法，我也知道这个问题一定会得到解决。"当你觉得事情一团糟、简直没法解决的时候，要保持耐心，坚持下去，相信大多数事情都会顺利解决。如果可能，最好保持一点幽默感，试着接受社会中处处有条文规范的事实，我们所能做的，只是让它们稍微嚣张一下而已！

令人振奋的是，在官僚体制中还是有一些"异类"，他们愿意为人民服务，有思考和做事的能力。当你必须面对官僚体制时，请向这些人求助。在我最近的两次经验中，就碰到过一些关怀、帮助别人的人，帮我解决了问题。也许你不知道，大多数在官僚体制中工作的人，也跟你我一样，对这些繁文缛节感到无力。他们之中的大多数人都是善良亲切的，只是不得不扮演官僚角色而已。

记住，在税务局工作的人自己也得缴税，而在交通局工作的人也得开车上下班，他们同我们一样，没有一个人愿意面对繁文缛节、官僚作风。因此，当你保持清醒与冷静，学会从正面的角度来看事情，便能发现一些愿意帮助你的善心之人。沮丧只能使事情恶化，不但让那些官僚们更加肆无忌惮，而且会扯出更多的繁文缛节，让你永远解决不了问题。

我知道这是一个很困难的问题，对我个人来说也是一样。但是我们别无选择。我针对这个问题想了很久，最后的结论是，我们都不值得为这样的事情沮丧。

用幽默、平和的心态，
试着接受社会中到处都有条文和规范的事实。

即使遇到魔鬼上司也不必抓狂

就像截止日期、税金和预算一样，苛刻的上司也是上班族必然会遇到的麻烦之一。就算你并没有为某个苛刻的人工作，你也会遇到苛刻的同事，甚至是一些你必须取悦的苛刻消费者。这种人总是无处不在！

就跟处理其他事一样，跟苛刻的上司相处也有两种不同的方法。我们可以像别人一样，在他们背后不停抱怨，希望他们赶快离开，或是在心底偷偷地诅咒他们生病受苦；但我们也可以采取另一种更有挑战性的方式，那就是：想方设法从苛刻的上司身上找到优点。

这对我来说是很困难的事，因为我一向很讨厌别人命令我或指使我。但是与太多苛刻的人相处过之后，我发现这些苛刻的人走到哪儿都会吹毛求疵。换句话说，这种苛刻并非针对某个人。在此之前，我会和一般人一样，认为这位刻薄先生“专门找我的麻烦”。我会盯着他们的一举一动，同时拼命说服自己，我有权利对他们的行为表示愤怒。晚上回到家，我还会跟老婆抱怨一天来所受的气，而可怜的她已经不知听过这故事多少遍了！

直到有一天，我从这些刻薄先生身上找到了一丝无辜的痕迹，对他们的看法才有了改变。我发现，他们这样做其实是身不由己，因为他们必须扮演这样的角色。虽然我还是喜欢跟平和宽容的人一起工作，但这次看法转变还是使我在不得不与苛刻的人相处时，觉得轻松自在多了。

许多年前，我要出版一本书，碰上了一位很苛刻的编辑。我被批评、指责得一无是处。正在我郁闷之际，一位朋友问了我一个很重要的问题：“你有没有想过，一个苛刻的人或许正好能将你推出自我满足的状态，让你的能力提升到更高的境界？”这句话让我豁然开朗。通过回顾自己的工作生涯，我惊讶地发现，**将我的潜能激发出来、让我不断提升自己的人，正是那些一直以来让我抱怨不已的刻薄先生们。**不管是我的写作方式、我运用电脑或新科技产品的能力，还是公开演讲的能力，都是被这些苛刻的人逼出来的！

职场万花筒

从“刻薄先生”身上学东西

苏珊娜必须跟一个可以称为“混蛋”的人一起工作。她形容那个人是“为了苛责而苛责”，当他指挥别人忙得团团转时，似乎能感受到一种权威与力量。

与苏珊娜同一个办公室的人对他不是敬而远之，就是愤慨不已。但苏珊娜很聪明，她试着用一种幽默的心态来看待自己的处境。她不会一直忿忿不平，一直想着这个人有多讨厌，反而想试着从他身上学到一些技巧。她这种处变不惊的态度被她的上司发现了，于是她就被提拔到另一个部门担任更有趣的工作了。

了解一个苛刻的人也有正面的影响力，使我的一生，尤其是工作生涯变得容易多了。过去，我总是对这些人心怀戒备，现在我却能以轻松的心情面对他们；我会敞开心胸，接受他们给我的教训，而不再认为他们的恶劣态度是冲着我来的。这样做的结果是，那些苛刻的人竟也显得容易相处多了！现在我已经明白，当初之所以会对刻薄先生们反应激烈，只是因为我自己先入为主地觉得他们是很难相处的人。当然，苛责别人的做法仍然不值得鼓励，那是引人反感的行为，但我已学会了超越它，把它当作小事。我鼓励你也试试这种想法，或许有一天，你也能跟我一样，不再为苛刻的上司抓狂了！

记得常对人说“谢谢”

在这个世界上，大概不会有人讨厌别人对自己表示感谢。恰恰相反，大多数人都痛恨别人的不知感恩，或是心里至少会有点不高兴。如果你帮助了别人，而对方没有任何感谢的意思，你恐怕也会在心里暗暗骂对方是不懂礼貌的家伙，是吧？

我们需要表达谢意的地方太多了。当有人打电话给你时，要谢谢他们的来电；别人送你东西，记得要说谢谢，或是回寄一张感谢卡；有人完成了杰出的工作，要记得谢谢他的努力；有人向你道歉，你也要谢谢他；特别是有人做了善事，让大家都受惠时，更要特别对他表示感谢。感谢的力量有多大，没有亲身经历过的人，真的很难想象。

职场万花筒

一声“谢谢”，会给工作环境带来多大的改变？

丹尼斯在一家保险公司负责一个很大的部门，每天有五十个人要向他报告，他已经习惯了严苛地对待自己的下属。他觉得，一个人能有份工作就很幸运了，如果下属表现得很杰出，最好的感恩和回报就是多给他发一点薪水。但是，这段时间以来，他发现自己越来越受到同事的疏远，渐渐成了孤家寡人。

当他来找我时，我鼓励他用更有爱心、更宽容的想法来重新定义“感恩”这件事。虽然花了很长一段时间，但他现在已经能真诚、友善地去表达自己的谢意了。当他回顾过去，他不相信自己曾经那么冷酷无情。他告诉我：“以前，每个为我工作的人都怕得要死，而且很没有安全感，觉得自己没有得到肯定。现在我总是在一件工作做完之后，及时表达我的谢意。我可以感觉到不一样的气氛。我的同事显得比以前轻松自在多了，而且对公司更忠诚。或许还需要一段时间，使我感觉到人们已经开始原谅我。我已经明白了，我需要这些员工，就如同他们需要我一样。”

我们之所以应该学会感恩，不是因为要得到回报，而是因为这原本就是我们必须做的事，这件事会使自己和别人都感觉更好。虽然很难用证据证明，但我总是相信，我的生活和工作之所以成功，“表达感恩”扮演了重要的角色。我写过成百上千封的感谢卡，打过几百个电话，只为了谢谢某些人的帮忙。久而久之，我也被人感恩地称赞为“唯一一个愿意花时间表达谢意的人”。

人们会记得、也喜欢别人的感恩。当你需要帮忙，或是需要一些建议时，过去你常常感谢的人会很愿意再帮你的忙，并为你的成功由衷地高兴。而且，那些接受你真诚感谢的人，通常也是很宽容的。面对你的错误与失败，他们经常会无条件地原谅你。不用说，这会让你的生活更容易，更没有压力。仔细想一想，在你的工作领域中是否有人值得感谢？如果有，你还在等什么呢？

不要老是让别人等待

你可能从来没有想到过，“尽可能地避免让别人等待”也是一个减轻压力的方法。时间对每个人来说都很宝贵，我通过大量调查发现，想让一个人感到难堪或受辱，最好的方法就是让他干等着。不过，许多人都没有意识到，让别人等自己是一件很不尊重对方的行为，其中所隐藏的讯息是：“我的时间比你的重要。”想想这个令人震惊的讯息，你真的认为你的时间比别人的宝贵吗？我不以为然。我相信，所有人的想法也是一样的。

再往深处想，你就会知道，让别人等待就是让人对你失望，这一点会带给你极大的压力。你很清楚那个人正在时不时地看表，疑惑着你在哪儿或为什么迟到。老实说，在大多数情况下，迟到是可以避免的，但我们总是不肯多预留一点时间，提防意外的发生。我们把时间卡得紧紧的，万一在哪里耽搁一下，时间就不够了，最后当然会迟到。我们经常会用“交通阻塞”之类的借口来为自己开脱，其实我们心里清楚，交通一直都是阻塞的。问题不在于交通，而在于我们没有将交通时间安排在行程中。事实上，就算你有任何理由，别人都不会感兴趣，也不会被你打动。虽然听起来有点不公平，但因为你的迟到，你的工作或其它好机会都可能因此蒙上阴影。

我不想低估让别人等待的负面影响，有时那的确是会让人抓狂的。就算别人不直接向你表示不满，也会在其它方面表现出来，比如从此以后不把你当回事，尽可能地避免与你打交道，不尊重你，选择和别人而不是和你共度时光，或是在你们下一次会面时故意迟到。种种花样，都会相继出现。

就算你能忽略以上这些负面影响，迟到这件事还是会给你带来不小压力。迟到的人总是显得匆匆忙忙，面对落后的进度，你会急得像热锅上的蚂蚁；你很难心平气和地活在当下，因为你总是在追赶着前面失落的时光；你的心里会始终惴惴不安，总是想着："不知会发生什么事？"或是自责："为什么我总是迟到？！"

只要你能学会遵守时间，这些压力就都不存在了。虽然别人可能不会说出来，但他们对你的守时将会心怀感激。他们没有理由再去埋怨你，也不会再认为你不尊重他们。你会变得从容许多，会感到轻松自在，而且有更多时间用于思考。

对于我来说，偶尔在两个约会之间的空档，在静静等待的几分钟时间里，我的脑海中会迸发出一些点子。我会想出一些解决问题的办法，或是一本书、一场演讲的灵感。如果我急匆匆地赶来赶去，这些点子都会在混乱之中消耗殆尽。遵守时间让我的生活变得更好，或许这个方法对你也一样有效呢！

“用心倾听”也是减压的好办法

在以往的作品中，我常常谈到倾听的重要性，我一再提到这一点的原因在于，我认为倾听是成功的重要因素之一。不幸的是，大多数人都不擅长做这件事。其实只要你用心倾听，不但能使你有更好的人际关系和工作表现，还能减轻压力呢！

花一点时间想想你在工作中是如何倾听的。你会认真听同事说话吗？在你开口之前，你有没有让他们把话说完？你是不是经常抢别人的话？开会时，你是和同事充分互动，还是表现得毫无耐心？简单地问问自己，你就会有所顿悟。我问过的大多数人（包括我自己）都承认，在意识到以上问题以后，他们的倾听技巧或多或少有了改进。

至于为什么说用心倾听对减压有帮助，我能举出许多理由。首先，用心倾听的人很受人尊重，大家都需要和喜爱这样的人。你会因此自我感觉良好，觉得自己很特别，工作中那些与人际交往相关的压力，比如暗箭伤人、不服气、蓄意报复和病态情绪等，都不会对你有影响了；其次，一个好的倾听者会让人感觉很容易相处，当你变成这样的人时，你身边会出现更多愿意帮助你的人，因为他们从你这里感受到尊重，因此对你心怀感激；再次，当你用心倾听别人说话时，对方只需说一次，你就能完全了解他们的意思，因此可以避免许多误解，而误解正是压力的来源。对大多数人来说，自己说的话不受重视是最让人生气或沮丧的，所以，用心倾听别人说话，能帮助你避开大量的纷争与冲突；最后，用心倾听能帮助你节省时间，使你在与人沟通交流时顺利许多，避免因为疏忽所犯的不必要的错误。

学会用心倾听，能给你带来立竿见影的好处。你可能需要多一点时间来练习，但只要你开始这么做，就会获益良多。你的同事可能无法明确地指出你有了什么改变，但他们一定能从你身上感受到不一样的气质，尤其是在交谈的时候。你会变得更讨人喜欢、受人仰慕，也会感到自己的心更平静、更安详。

学会尊重那些“不重要”的工作人员

不久前我到旧金山找一位朋友，在他们公司的接待室中等待他与我共进午餐。我很幸运地目睹了一些事，让我把它写下来，与你分享。

职场万花筒

不尊重前台工作人员，对方又怎么会尊重你？

一个男人走进公司，很不客气地大声说：“有我的留言吗？”前台小姐抬起头来，用柔和的语调微笑着说：“没有，先生。”那个男人又用令人讨厌的威胁语调命令道：“十一点半等我约的人来了，一定要打个电话给我！听到没有？”他边说边走向走廊。前台小姐看着他的背影，什么也没说。

不到一分钟，一个女人也进入接待室问有没有她的电话。她先是微笑着跟前台打招呼，然后又亲切地问她今天过得如何，前台小姐也以笑脸回应，并谢谢她的询问。然后前台小姐拿出一张便签纸，跟那女人小声地交谈起来。她们两人聊着聊着笑成一团，过了一阵子，那个女人才谢过柜台小姐，朝走廊走去。

每当我看到有人对接待人员不礼貌，或是认为他们的服务理所当然时，我心中都会捏一把冷汗。这就和短视的企业投资一样危险。我曾经问过许多前台人员，他们对办公室的人是否都一视同仁，大多数的回答都是："你在开玩笑吧！"的确，前台接待人员是很有影响力的，跟他们处理好关系，会让你的日子过得轻松一点。对他们友善些，每天打几个招呼，交换几个微笑，并不是难事，重要的是他们确实能帮你许多忙，保护你的隐私、帮你过滤电话、提醒你重要的约会、预告潜在的问题、帮你调整进度等。

我见过前台工作人员与业务人员互动的情况。有的人会保护业务人员免于受到不必要的骚扰，或是帮助他纠正明显的错误。我还看过一个前台人员跑过长长的走廊，跨过街道，提醒某人忘了的会议，对方对她感激不已，甚至宣称那个前台人员是他的"救命恩人"，帮他保住了现在的工作。当我问那个前台人员，为什么她愿意与对方合作无间时，她告诉我，他们虽然不是真正的朋友，但他却是一个真正的好人。我又问她，光是这样就能让她冒着大太阳，跑了那么远的路去通知他一个会议时间吗？她微笑地说："你说到重点了，不是吗？"

悲哀的是，当前台人员觉得不受重视或受到侮辱时，相反的情况就会发生了。我听说过前台人员莫名其妙"弄丢"留言条，或是忘了提醒某人会议时间，只因为当时不方便等等千奇百怪的理由。当然，大多数的工作人员都能放下心中的好恶，尽职地做自己的工作，但总有例外的时候。请你从前台人员的角度来想这个问题。他们要接许多电话，应付成百上千的询问与留言，还有其他重要责任在身。有些同事真的对他们很友善，有些人会保持适当的礼貌，有些人就真的是混蛋。如果你对他们不友善，或是让他们觉得不受尊重，你就别想要他们为你做任何额外的工作了。

我并不是说对这些看似"不重要"的工作人员友善，是为了要从他们身上得到好处。最重要的是，你要打心底里愿意这么做，只因为这是一件你该做的好事，会让你们双方在工作时都能心情愉快。毕竟，前台人员是你每天必见的人，更何况做这件好事只需花你一点点时间而已！

我的建议是，把这些"不重要"的工作人员当成是你生活中的重要伙伴。

真心实意地对待他们，要仁慈、真诚、有耐心、礼貌周到。当他们为你做些什么时，要记得及时谢谢他们，就算那是他们工作的一部分。你能想象错过一个重要的电话，或是一则关键性留言，后果会怎样吗？是接待人员在预防这样的事情发生，因此，当你外出旅行归来，为他们买个礼物并不为过吧？这个原则也同样适用于其他工作人员，像管理员、清洁工、门房、厨师等等，只是方法略有不同而已。

我想你会发现，与“不重要”的工作人员做朋友是一件明智的事。这会让你每天都工作得更快乐，也会让你的生活压力减轻。如果你还没这么做，那就从现在开始试试看吧！

不要轻易作出承诺

也许你和我一样，经常会作出一些模棱两可的、事后又让自己懊悔不已的承诺。更有甚者，那些承诺有时根本不是承诺，只是一种下意识的回答，譬如“我今天晚一点再打电话给你”“我一会儿到你办公室去一下”“下周我会寄书给你”“我很乐意帮你去拿那个东西”或“如果你需要我代班，就打电话给我”以及一些更含混的“没问题”之类说法。这些都会给你带来麻烦，因为你的承诺可能会迫使你去做些什么，而事实上，你并不想这么做。

以前我几乎每天都会碰到这样的情况。当有人跟我说“你能不能帮我复印一下你刚刚谈到的那篇文章”时，我总会下意识地说：“当然，没问题。”我还会写张字条提醒自己，以免忘记。当这一天过完，我手边经常有一大堆承诺字条，看着它们，我总是感到很后悔，有时甚至会觉得委屈和愤怒。我为了实现承诺而忙得不得了，而我真正该做的事却没有足够的时间去做！

身在职场，每个人大概都会或多或少地对别人有所承诺。你承诺得越多，身上的压力也越大，但你必须清楚，这些压力是你自己造成的。如果你作的承诺太多，达到了自己的承受极限，你有可能会被这些承诺压垮。当然，我并不是要你别作承诺，许多承诺的确是很重要的。我所建议的是：**在你所作的承诺中，有一定的比例（即使很少）是当初不该许下的。如果当初没有作这些承诺，你就不必有恪守承诺的压力了。**

比如，我常跟我的出版公司说：“我答应你下周这个时间交稿。”但是，他们要的并不是我对于交期的承诺，而是我最佳的表现。当我答应了对方按期交稿，我就只好想办法做到。如果我没有许下这个诺言，只要尽力而为，我就不会有那么大的压力，我有可能会写出更好的文章。

现在，我学会了每次都评估别人对我提出的要求，然后确定自己应该如何应对。有时候作承诺是对的，有时候却是不必要的。我也会注意少做一些别人并没有要求的事，比如，我不会再像以前一样，大声地说：“嗨！我会送你一本我们刚讨论过的书。”如果我还是想这么做（通常都会的），我可以在适当的时候送他那本书，却没有了义务在身的压力。

注意自己的承诺有两点好处：第一，这会让你节省许多时间与精力。有些承诺其实是不必要，别人也不会为此感恩；其次，你不用浪费时间去恪守承诺。时间对我们来说是最珍贵的财产，许多人都告诉过我，他们在工作中最苦恼的事就是缺乏时间。当你只作少数的承诺时，就能把时间用在那些对你来说非常重要的事上了。

少作承诺还有一个好处：对你们双方来说，你的承诺变得更有意义了。你会加倍关注那些对你自己和你爱的人意义重大的承诺。如果你承诺太多，你会忽略最重要的承诺，最终让你最爱的人伤心。减少一点承诺，你就可以妥善地安排好优先级别。我要声明一点，我没有承诺这个策略能马上帮到你，但我推测这会对你有些益处！

不要在背后议论人是非

我以演讲嘉宾的身份出席了一家公司的集会。席间一个年轻人来找我聊天，他看起来很诚恳，但是没聊多久，他就开始在背后说起别人的坏话来。

他唠唠叨叨地向我抱怨着他的主管和同事。短短十分钟，我对他公司里所有乱七八糟的事都一清二楚了。按他的说法，这家公司里的人全都不是好东西，当然除了他之外。让我难堪的是，他看来根本不知道自己在做什么，这些话好像就是他每天的谈话内容。显然，“暗箭伤人”是他的一大习惯。

不幸的是，像他这样做的人还有许多。我经常到全国各地旅行，接触过许多企业的员工，喜欢在背后说别人坏话的人到处都有，层出不穷。这种现象如此普及，或许是因为我们从没想过这样做的后果吧！

我劝你不要在背后说别人坏话，主要有三个理由。第一，那些话听起来很可怕，而且会给人不好的印象，它只表现出了说话者本人喜欢吹毛求疵的毛病，并不能显示出他谈论的人的真实面貌。在我看来，一个会在背后讲人家闲话的人一定是个“双面人”。对于我一开始提到的那个年轻人，他在我面前和在同事面前的举止言行是否一致，其实我心中十分怀疑。换句话说，他会面带微笑地在同事面前说好话，但在同事背后的表现却完全不同。

第二个理由，也是最重要的一点在于，**在别人背后说闲话会给你惹来许多麻烦，并带来不必要的压力、焦虑和其他负面情绪。**想想看，在那个暗箭伤人者自信沉稳的外表下，会隐藏着什么样的心态？如果在别人背后说坏话却被人当场揭穿，会是什么感觉？这是个意味深长的问题，但答案却让人不好意思再讨论下去。

我只知道，过去每当我在背后说人闲话，我自己的感觉都很不好。我会质问自己："你怎么能做这么低级的事？"真的，你无法面对自己的良心。你或许可以暂吐胸中郁闷，但接下来的几天，甚至更久，你都得提心吊胆地过日子。而且，在说别人坏话时，一般人都会尽力压低声音，如果他用带着敬意的口吻说别人的好话，难道还用这样吗？你不会担心别人听到你说话，也不用怕别人将你说的话传出去，甚至传到那个你正在中伤的人耳中。当你在背后说别人坏话时，真正的压力在你自己身上。你必须时时警惕，小心地保守自己的秘密。这不值得你付出这么大的代价！

最后一个理由是，如果你在别人背后说闲话，听你说话的人会失去对你的敬意和信任。你的谈话对象大多数是朋友或同事，而你必须明白，即使他们对你的话感兴趣，即使他们也说了些坏话，他们心底还是会认为你是个喜欢暗箭伤人的人。他们一定会问自己："如果他有机会，会不会也在别人背后说我的坏话？"答案是：一定会。

我曾经听过一个熟人对我说："我从没听你说过别人一句坏话。"这是我收到的最好的赞美之一。我很惭愧，我确实曾经在背后伤过人，但我还是将这样的赞美放在心中，因为我现在确实非常努力地避免这样的事情再发生了。

同事相处，“知己知彼”很重要

不管你从事哪种行当，总免不了要和同事接触，而认同自己和别人有哪些行为习惯，可以帮助你减轻压力，减少冲突。你可以预料到可能发生的问题，避免一些可能会有的争吵，并预防一些可能出现的混乱局面。

仔细观察自己和同事，你会发现大多数人都有习惯性的动作与反应。也就是说，我们总会受到特定的事情困扰，因为特定的问题起争执，对特定的行为产生防卫心理，大多数人面对压力时也总会有特定的反应。

既然如此，你就应该多多注意同事的行为模式，认清一些会经常出现的负面心理和行为。譬如，当你向一位同事提出正面挑战时，他可能马上就变成“好斗的公鸡”。当你认清他的行为模式，明白可能发生的后果，你就知道应该在下次和他接触时避其锋芒，因为这样做并不值得。这会帮你避免许多冲突，工作的进展也会更顺利，更有效率。当然，你首先要做的是观察自己的行为模式，或许每次冲突都是你自己挑起的争端也说不定呢！

或许在你的部门中有人总是无法准时完成任务，他的理由冠冕堂皇一大堆，但结果都是一样拖延进度。当你知道他有这个毛病时，你就应该预防万一，至少不要在他屡屡拖延时发怒或沮丧。当一个项目的交期要求非常紧急时，你最好避免与他同一组作业。如果非得跟他一起工作不可，你可以多预留一点时间，或是早一点开始工作。做出最坏的打算，你就不会有太大的压力。

或许你的某个同事只要一受到批评，就马上会争辩不休。那么，在你想要给他提出建议之前，就要想一想他会不会认为这是批评，从而无法接受。谨慎而委婉地提出建议，有助于避免毫无必要的磨擦与冲突。

或许你的同事或朋友喜欢在别人背后说闲话。知道她有这样的“爱好”，你可以在她开讲之前避免加入谈话或把话题扯开。你知道，如果你告诉她一个故事，她会去跟别人说，即使她答应保密也做不到。并不是说她是个坏人，她只是忍不住。你所能做的，就是跟她在一起时最好言辞谨慎，除非你不在意她跟别人分享你的秘密。如果你决定要告诉她什么，那么当每个人都知道这件事时，也别太介意吧！那是必然的结果，谁让她就是这样的人呢？

这样的例子实在不胜枚举。一个小气的人总是大方不起来，一个爱嫉妒的人随时随地都能找到吃醋的理由，一个喜欢抢功的人碰到机会绝不会放过，一个不诚实的人不说谎就难受，一个神经过敏的人总爱吹毛求疵，不管你已经做得多完美了。如果你认清了别人的行为习惯，还要跟着生气，那就纯粹是自我虐待。

学会在与同事相处时“知己知彼”的好处是，你在工作中会有更多主动权。你能够洞察人心，懂得哪些话该说，哪些话不该说；可以跟谁在一起，最好避免跟谁在一起。从今天开始，注意你工作领域中的行为模式，很快你的压力就会减轻许多了。

凡事不要“以自我为中心”

在我看来，“以自我为中心”是少数几种最不受欢迎的性格特点之一。一个人的自我意识如果太过强烈，就会把所有跟自己有关的事都看得过重。他们喜欢自说自话，把自己的时间看得分外珍贵，却丝毫不在意别人的时间；他们将别人当成实现自己目的的工具与手段，如果你能帮到他们，他们会对你青睐有加，反之则会对你不理不睬；他们的眼里只有一种观点：他们自己的观点。他们总是对的，别人总是错的，除非你认同他们的观点！

我描绘的显然是一个极端恶劣的榜样，主要是为了提醒你，绝对不要做这么讨厌的人。以自我为中心的人，不但让人敬而远之，也会给自己带来很大的压力。他会比其他人更容易为小事抓狂，因为世上没有任何事让他完全满意；他的学习能力很差，因为他们既不听别人说话，对别人也毫无兴趣；除此之外，因为他的态度总是让人不舒服，别人根本不想为他做一点事情。你很难为这样一个人鼓气加油，事实上，每个人都在等着看他失败。

还要说明一点，千万不要把“自尊心”与“以自我为中心”混淆，这二者是完全不同的，一个有自尊心的人不但会爱自己，也会爱别人。花一点时间审视一下自己有没有以自我为中心的倾向，如果有，请尽快改正。只要你有勇气作出调整，每个人都会感受到你的变化，并从中受惠。你会成长得很快，你的生活也会更轻松、更充实。

多花点心思
和别人维护关系

当我们分析一个人成功的原因时，经常提及他的工作能力如何强，却忽视了另一个重要的因素，那就是他能否与别人和谐相处。其实，这是非常重要的能力，它会让你在诚实正直的基础上，建立起与别人的信任与长期的关系。你会变成更好的合作者、协商者和更聪明睿智的职场人士。

现如今急功近利的社会氛围，使得许多人动作太快，逼得太急，在还没有建立起和谐一致的关系前就急着想从别人身上得到什么。在大多数情况下，这种急切的心理都会遭到防御和拒绝。这简直是一种自断生路的行为，因为你在成熟之前就想收获，缺乏完成目标所必要的沟通联系。你和别人之间没有信任感，这会使你们的交流处处受阻，也无法激发出彼此最大的潜能。你很难确切地指出哪里不对，但你们就是不合拍，长此以往，工作还能进行得下去吗？

许多人在第一次与别人接触的时候，就知道建立和谐关系的重要性。换句话说，想要卖东西给别人，或是要求别人为你做些什么，至少要让对方能接受你才行。但是，这种关系并不是一经建立就永远存在的，而是必须经常维系。不能因为你认识对方，或以前做过生意，就认为一切都是理所当然，你们的关系还是和谐如初。相反地，你应该经常和对方保持联系，要耐心地多听而不是多说，同时要尊敬对方，礼貌周到，经常表达你真心诚意的关怀。

建立和谐关系的关键在于，要让对方感觉到此时此刻他是你最重要的人，你真的很愿意跟他在一起，用你的真诚让他感觉到自己很特别。这样的感觉没法造假，你必须拿出真心对待别人。

职场万花筒

“莫名其妙”地失去一位重要客户

丹尼认为这笔交易算是十拿九稳了。他经在电话中说服了他的客户，购买一笔巨额的人身保险。丹尼从不跟他的客户怀特闲聊，但他知道自己产品的优势在哪里，他毫不怀疑，这正是怀特需要的险种，这一点怀特也明白。两个人约定在午餐时见面，顺便签合约。

他们坐了下来，丹尼拿出申请表，递给怀特一支笔。突然间，怀特觉得有点怪怪的，他开始不安，迟疑着该不该签字。一会儿之后，他站起来跟丹尼说，在做决定前，他需要一点时间想一想。不用说，丹尼失去了这个客户。他忽视了和谐一致的重要性。如果事先多了解怀特一点，他的客户或许就不会觉得那么别扭，也不会临时变卦了。

一旦双方建立起真诚的和谐关系，互动就会变得很容易。我认识一些人，不管什么时候见到我，总会想办法跟我真诚交流。他们会问我在做什么，听到我的回答后才提出他们对我的要求。他们一点都不急，好像也没有期望从我身上得到什么。他们看起来只是想和我在一起，并且把我看成很重要的人。我愿意跟这样的人做生意，也愿意和这样的人相处。

试试看吧，如果你花点时间与精力跟别人建立起和谐的关系，你的生活会立刻不同了。你会更关心别人，也会在各个方面与人产生良性互动；你会受到别人的信任、敬爱与仰慕。当你与别人打交道时，成功的机率也更高。

时间不够用？那就别再闲聊啦

大多数人都喜欢跟朋友分享生活中的种种问题，这类交流通常是以“你知道发生在约翰身上的事吗”或是“你听说过那件事吗”开篇的。有时候是你主动挑起话头，有时候则是不知不觉谈到这些话题的。你会添油加醋地跟别人分享故事或经验，不但要知道所有的细节，还问了一大堆问题。然后，如果你像我一样，你就会很惊讶自己为什么花了这么多时间打电话，而工作好像怎么做也做不完。

从表面上看，这并不是什么大不了的事，除非你正在赶时间要完成某项紧急的工作。但是，如果积少成多，你会发现时间与精力通常正是压力的来源。回顾一天的工作，你是否经常希望再给自己三十分钟，好完成某件事或赶上进度？或者，你是否经常急急忙忙地处理事情？如果你仔细研究一下自己的时间安排，你会得出跟我一样的结论：天啊，我浪费了太多时间跟人谈话或打电话了，而我其实根本没有多余的时间和精力！正如你所想的那样，这会给你的工作带来许多压力，让你的时间不够用，让你总是被工作牵着鼻子走。除非你注意到自己的这种倾向，否则当某一天你发现自己的压力大得喘不过气时，你会怨天尤人，浑然不知这种压力完全是由你自己造成的。

当然，偶尔跟同事或朋友聊聊天是很自然、也很健康的事，但当这样的闲聊变成一种习惯，而不是你真的有事要谈时，麻烦就来了。我以前在跟朋友谈话时，经常会不知不觉就聊到一些琐碎的话题，好像自己没法控制谈话进展一样，现在我知道，事实未必如此。其实，只有一小部分话题超出了我的控制范围，其他都是我自己制造的。我说得太多，也问得太多。现在，我学会了主动缩短谈话时间又不伤害别人，也明白不该问一些会使谈话变长的话题，除非我真的既有兴趣又有时间。这样做的效果非常惊人。即使我比以前更加忙碌，我也觉得自己的时间充裕了许多。如果我真的要跟人聊天，也要找自己真正有空聊天的时候才这样做。

这条建议确实非常有用，想想看，管住自己的舌头少说一个小时的话，你就会多拥有一个小时的工作时间。这是你真正需要的时间，也是过去你不曾拥有的时间。每天一小时，你的生活和工作状况可能就会有非常大的改观。如果你过去总是过得紧张兮兮的，现在你可能会轻松自在得多。当然，并不是说要你对别人三缄其口，只是在你发觉你们的谈话快要变成聊闲天时，要懂得适时打住。你会为这条建议的效果感到十分惊讶的。

不要戴着“职位”的有色眼镜看人

有时候，我们会注意到这样一个现象：在提及某个人时，我们首先想到的是他的职位，对他的本来面貌却知之甚少。我们与人寒暄时，第一个问题通常是：“你在哪里高就？”当我们形容别人时，也会首先说他是“会计师”或“律师”，好像他的职位就是他的人格定位一样。换句话说，我们常常忘了这个人不只是职场人士，还是一个独一无二的人，只是刚好处于那个职位而已。如果可能，我建议你换个角度，将别人身上贴的职位标签撕下来，我们看人的眼光会马上有所不同，生活也会更有乐趣。

职场万花筒

他们是工作人员，更是活生生的人

有位老板的等级观念过于强烈，甚至将铅笔放在待办事项的盒子中，好让秘书帮他削铅笔。如果他自己削的话，只要几秒钟就可以了，但在他的观念里，这是秘书的工作，“她原本就该做这些事”。他不是个粗心大意的人，就是个完全不关心别人感受的人。

在我常去买东西的一家店里，店员都是一些非常和气友善的人，但是，我却发现去买东西的人经常用一种对待“物品”的方式来对

> 待他们。虽然没有人表现得粗鲁或不礼貌，但他们经常对店员视而不见，更别提情感交流了，就好像这些店员生来就是要站在这里收钱的一样。我观察过一般人排队付款的情况，很少有人抬头看或微笑，更别提说声“你好”了。其实，这些店员和我们一样，也有喜悦和悲伤，也愿意享受假日，也爱自己的孩子，但在店里，他们似乎很少被看作活生生的人。

当你看到一个人时，先把他当成“人”来看待，然后再考虑到职位，这是一种心胸开阔的表现。对方会敏感地察觉这一点，也会从不同的观点来看待你。他们会跟你更亲近，愿意听你说话，给你提供特别的便利。**当你超越职位看待别人时，也为自己打开了沟通之门，你们之间的互动会更丰富、更真诚。**你也会对那些原本只是点头之交的人有更进一步的认识。有很多次，便利店员、机场工作人员、出租车司机都很愿意帮助我，就是因为我很单纯地将他们当作一般人来看待，而不是仅仅把他们当成“服务人员”。

在我提到的那个老板的例子中，如果他懂得用对待朋友的态度对待秘书，而不是把她当下人使唤，她或许会心甘情愿地帮他削铅笔。但是他的做法却让她觉得自己一文不值，最后辞掉了工作。其实，她真的是个优秀的秘书，幸好后来她的老板认识到了自己的错误，对她来说，这也算是一点小小的慰藉吧！但愿他真的得到了教训。

这条策略非常简单，而且很容易练习。你不用跟每个人都成为要好的朋友或是建立社交关系，也无须将职位或角色完全抛开，因为在职场中，职位的划分对于工作的顺利开展确实是必要的。我的建议只是：记住每个人都是特殊的个体，不要戴着“职位”的有色眼镜看人。只要记住这一点，你的生活就会大大改观，你的微笑与注视，就能点亮别人的每一天。

你是与人交往，而不是与职位交往。
所以不要戴着有色眼镜看人。

多多听取别人的建议

我观察到一种有趣的人际互动现象：许多人很喜欢跟别人谈自己的困扰，却将别人的建议当作耳边风。多年来，我不知参加了多少次这样的“对话”，也不知听了多少建议。通常，这些建议都很中肯，而且能立即解决问题。我还经常将提供给别人参考的建议记下来，当作提高生活质量的妙方呢！

有时候我们跟别人谈自己的困扰，只是为了抒发情绪，或只是想有人听我们说话而已；然而有时候我们却真的很迷茫，需要一点建议，我们会说：“我希望知道该怎么做。”或“你有什么想法呢？”然而当别人提出建议时，我们的反应却是立即否定这个建议，或是对其充耳不闻。

我不知道为什么这么多人会忽略别人的建议。或许我们羞于向人求助，或许我们不喜欢听不顺耳的话，或许我们太骄傲，不容许家人或朋友知道的事情比我们多，有时候，或许只是不愿意付出努力或改变生活方式。

我要先承认，我确实做过许多错事，但我有个足以自傲的特质，那就是我会认真倾听别人的建议，而且真的会去执行。这无论是对我的生活还是工作都很有帮助。接受这些建议不只对我自己有益，也会让提出这些建议的人吓一跳，因为我真的听进了他的建议，也照着做了。有人曾说我话太多，他们是对的；有人要我多听听别人怎么说，我照做了；有人建议我上什么课，尝试什么样的健康食谱，我也会照做。这对我真的很有帮助。我总是请别人告诉我，自己在态度或行为上该有何变化与改进，**只要我能敞开心胸，就永远能学到东西。有时候，就算是一个小小的建议也能带来大大的改变。**

我们常说“旁观者清”，问题就在于我们太靠近事情的中心点，或个人介入太深，反而看不清楚事情的本质了。所以，虽然你可能不会接受所有的建议，但是不妨试着打开心灵，接受一部分。如果你这么做了，我想你的人生也会更轻松自在。

你没有必要得到所有人的认可

人不可能面面俱到。这是个很难接受的事实，特别是像我这种喜欢跟人接触、需要别人认可的人。但如果你不跟这样一个无法抗拒的事实妥协，你就会永无休止地跟“失望”这一残酷的人生现实纠缠不休。

总会有人对你不满或生你的气，当你忙着讨好某个人时，可能就会得罪另一个人。虽然你的想法很单纯，也没有恶意，但一个人就是没法在同一个时间出现在两个地方。所以，如果有两个或更多人想要从你身上得到什么，而你没法全部做到，就一定会有人失望。当你手边已经有十几件事在忙，外边还有几百个要求等着你时，在各种截止日期的催逼下，你难免会犯错。

你的老板或客户需要你去办一些事，问题是你的孩子与配偶也在同一时间要求你做另外的事；你是一家餐厅的服务员，用餐高峰时每张桌子的客人都等得不耐烦了，你已经尽力而为，但客人还是对你不满；有四个人要求你在五点前回电，但是，你才打第二通电话就超过预定的时间了，另外两个没接到电话的人可能会一肚子气；或者你花很多心血完成了一个很棒的项目，但是因为时间不够，接下来的一个项目只好勉强完成，让另一个客户对你失望了；你忘了某个人的生日，就算你记得其他 19 个人的生日，你还是让那个人沮丧了。

你可以不断去尝试，但即使你集中了所有的优势，考虑到所有紧急混乱的状况，还是会有出错的时候。当错误发生时，当你证明自己只是凡人时，当你承诺过多、超过负荷，或是忘了某个承诺、会议或约定时，就会有人受伤、沮丧、生气或失望。在我心底，我知道自己和其他人一样在尽最大努力，但我要告诉你的是，这是没法解决的问题（至少我还没找到）。以下是我个人的例子。

职场万花筒

无论如何努力，总还会有人失望

有很长一段时间，我会在一周之内收到300封以上读者来信。这些信大部分要求我亲笔回信，从我的观点来看，这些人都该接到我的回信。毕竟，一个人愿意花时间写一封很友善的信给我，我已经很感激了。直到今天，我都很珍视我所收到的每一封信，它们大多都让我感动到落泪。可这些信件也是我苦恼的来源，因为我一天能工作的时间只有那么多，而且还有很多要尽的责任与义务。

我必须经常旅行，写作计划也排得很紧。我的演讲活动都排满了，而且必须事先做好准备。另外我还有新书宣传活动要做，每天更有一堆其他琐事等着我。最重要的是，我还有我最爱的家庭和亲爱的朋友们，我希望多花点时间跟他们相处。

换个角度来说，如果我在每封信上花个5分钟，一整天的时间早就没有了。也就是说，你可能没有机会看到这本书，因为我根本没时间去写它。我该怎么办呢？我雇用了一个可靠的人帮我回信。每周她都会帮我挑一些比较适合亲笔回信的信件给我，其他的就由她负责。她的回信充满慈爱、关怀与敬意。有一阵子，我几乎觉得我已经解决了这个棘手的问题。

可是我错了！虽然大部分人都了解我的困难，仍然有一小部分人觉得失望，甚至有人认为我并不想回信给他们。但是，你就是无法取悦每一个人，无论你多努力都不行。我相信你和我一样。

当你接受这个事实之后，你的肩头重担就会立刻减轻不少。虽然你从没想过要伤害别人或让别人失望，但这样的事还是会发生。当你知道这是不可避免的事时，你内心对这种情况的反应就会坦然很多。你与其变得沮丧、自我防御或内疚，不如保持忍耐与宽容。你会了解这实在不是你能解决的问题，你已经尽力而为了。你并不想让这样的事发生，你已经尽量避免了，但它还是发生了，而且下一次还会再发生。现在是放手的时候了。只要放手，你就能获得平静。

碰到不称职的人，继续过你的日子就好

跟许多事情一样，工作中的不胜任现象也可以用“梭形图”来说明：总是有少数人的表现位于顶端，大多数人处于中间地带，剩下少部分人则在最底层。在大多数行业中，情况确实如此，有少数人真的是专家，大部分人还算称职，但也总有一部分人会让你怀疑，他们究竟是怎么找到这份工作的？

有趣的是，许多人并不了解这个现象，就算了解，反应也很冷淡。如果你不能接受这个事实，你就会觉得很惊讶，觉得受到了欺骗，甚至觉得对方是冲着你来的，并因此反应激烈。我曾看到一些人对于别人不能胜任的过度反应，让我担心他们会心脏病发或精神崩溃；他们不认为这是职场中的必然情况，而是急着要整顿这一切，结果自己的激烈反应把事情弄得一团糟，只落得个捶胸顿足、怨天尤人的下场。最后什么事也没得到改善，只有那个沮丧的人心情低落，看来糟透了。

我很喜欢《为你疯狂》这部喜剧电影。剧中有一个女侍者的角色，我总认为那是夸张的戏剧表现手法，直到我在芝加哥一家餐厅里碰到一名侍者，我才明白那个剧中人还真不是凭空虚构的呢。我碰到的那位侍者非常糟糕，让我觉得一定是走进了一家黑店，而店中有一架隐藏式摄影机，在偷窥我会不会为小事抓狂。说得具体一点，她将我点的所有东西都搞混了。我点的是素食三明治，她送上来的是半熟烤牛肉；我隔桌的客人点的是奶昔，送上来的却是啤酒，还洒得他一身都是，而且他那件上衣可是价值不菲。她把每桌的东西都搞错了，而且一个比一个糟，到最后，整件事变成了闹剧。她送给我的账单是烤牛肉、另一个男人的啤酒及一件有餐厅商标的T恤！

职场万花筒

“难以置信”的极品房屋估价人

我有一个在房地产公司工作的朋友，她告诉我除了卖房子，她还要聘请专家帮客户设计一整套计划——贷款、信用评估、估价。有一个负责估价的人和她合作过两次，以前也跟她的同事合作过，她用“难以置信”这四个字来形容这个估价人。他的工作是评估待售房子的市场价格，以确定贷款的金额是否合理。显然，他习惯将房子估成原价的两倍。假如她要卖的房子值15万美金，他就要估成30万美金。而隔壁完全一样的屋子只卖15万。

我的朋友指出，他非常坚持自己的行事准则，不管法规，也不理会估价标准，一切都依赖他的“直觉”。他的“不胜任”一定让买方满意，但是贷方就要承担估价过高的可怕风险了。

这个故事中最让人难以置信的是，据说这个估价人在这个行业中已经混了10年以上！虽然他完全不能胜任，却有贷款者不停地找他为房屋估价，以确保他们的贷款金额。

我并不是说与不胜任的人相处是件愉快的事，但如果你想要避免发火，最重要的就是不要大惊小怪。就像天偶尔会下冰雹一样，不胜任的人偶尔也会出现一两个。所以，与其说“我简直不敢相信我的眼睛”之类的话，不如告诉自己淡定一点儿，因为这是难免的事。你要保持冷静，并且提醒自己，在大多数情况下，这并不是冲着你来的。**与其将焦点集中在一些特例上，坚信有一大堆的人不能胜任自己的工作，不如想一想还是有很多人的工作表现是很称职的。**经过这样的耐心练习，你就不会再为一些无法控制的事生气了。

在心中有所准备，预留事情可能出状况的空间，会使你的生活质量提高许多。我知道跟不胜任的人沟通是很累人的事，尤其是牵涉到利害关系时。但我敢跟你保证，失去冷静对你一点帮助也没有。

下一次当你再碰到不胜任的人时，就算是非常不能容忍的事，也要尽力而为，努力改善状况之后，继续过你的日子。把这件事放下来，而不要将它当成你脑海中的头条大事。如果你能这么做，就能摆脱生活中的另一个沮丧源头了。

学会与个性不同的人和谐共事

在我听到的许多关于工作问题的抱怨中，“个性不合”这个问题特别引起我的注意。许多人会说：“我就是跟那种人相处不来。”或是“有的人个性就是跟我合不来。”这是假设某些个性本质上就是合不来的——内向的人跟外向的人处不来，敏感的人跟强势的人合不来……不幸的是，我们很难选择跟什么人合作或不跟什么人合作，在职场上，我们只能碰到什么算什么。如果我们不能超越“个性合不合”这样的想法，工作就会变得困难重重，而生活中充满了沮丧与苦恼。

事实上，没有所谓“个性合不合”这回事。如果真有的话，我们肯定会为此设定专门的通用型处理方法，但是显然并没有这种东西。我不知遇到过多少个性不同的工作伙伴，他们都合作无间，我打赌你应该也碰到过吧！

“我了解你的意思，但我的个性不合问题很特殊，而且很严重。”许多人会这样响应我的话，“比如我可以跟一些固执己见的人相处，但其他人就不行了。有时候两个人就是合不来，你一点办法也没有！”就算真的是这样，让自己受到这么强烈的不快感觉驱使，也只是自乱阵脚，而且根本没有必要。

和大家一样，我也喜欢跟一些特定类型的人一起工作。一般来说，我不喜欢跟控制欲太强或是静不下来的人共事，不过，我发现只要自己努力一点，眼光看远一点，我就能跟任何一种人工作，而不会担心他们的个性问题。关键就在这句话："努力一点。"当我们和他人个性不合时，并不是"卷起袖子，努力拼命"就能解决问题。事实上，你越努力去应对这个问题，就越像逆流而上一样，吃力不讨好。

我的努力之所以会有效，是因为我将"与人和谐相处"当作是工作的特性。换句话说，我自愿负起建立人际关系的责任，催促自己采取行动。与其宣判这段工作关系注定失败或不圆满，不如看看我是否能接受这样的挑战。我不会认为只有自己才是对的，别人都是错的，我会将我们两个人都当作是在进行"角色扮演"，而双方的角色都不同。我会保持精神抖擞，而且富有幽默感。慢慢地，我不再坚持别人一定要照我的方式去做事。结果，我也总能因此心胸更开阔，视野更远大。

职场万花筒

互相攻击只会制造更多的压力

艾美与珍妮都是小学四年级的老师。作为小学老师，必须在一起工作，以设计一套整体的课程，问题是她们俩都无法忍受对方的个性，而且不断地批评对方的教学方式。显然她们两个都觉得彼此个性不合。除了互相批评、攻击之外，她们还会在老师及家长面前起口角冲突。艾美批评珍妮的教学"毫无章法，只重视细节，使她的学生根本没法应付五年级以后的功课"，珍妮则攻击艾美"不但不能胜任工作，而且很偏心，经常修理自己不喜欢的学生"。

她们非但不能尊重彼此的不同观点，而且还表现出孩子气般的个性不合问题，这让家长们都很头疼。整个学年中，学校的课程充满了压力、愤怒与担忧的气氛，家长们都替自己的孩子担心，两个老师也被自己制造的问题困住了。

就跟其他例子一样，上面这个例子中没有一个人赢。她们没有想到两个人个性不同，正好是互相学习的机会，却让不同的个性成为两人沮丧的原因。

对于我来说，不在意个性不合的问题，这让我的工作生涯变得更轻松如意。我会将跟个性不同的人一起工作当成是一种利益，这甚至会让工作变得更有趣一些。我建议你也用这样的观点来看待自己的工作。将这个问题放下来，你肩头的重担就会轻松许多。

沉着应对工作中的人际冲突

很难想象工作中完全没有冲突对立的情况。毕竟我们生活在一个充满冲突的世界，我们的兴趣、渴望与嗜好都可能与周围的人发生冲突，我们的标准与期望都不相同。一个人可以轻易完成的工作，对另一个人来说却可能是场灾难；一件你认为是紧急事件、担心得不得了的事，另一个人却可能觉得无关紧要，或不值得花时间去担心。在这个世界上有太多的事情时不时就会出现对立的情况，这几乎是不可避免的。有时候，你甚至必须与人对立，否则就得不到你想要的东西，或不能澄清你的意图、无法让冲突顺利解决、打破惯例或增进沟通。

既然对立无法避免，你完全没必要将这样的事看作是战争，或是伤感情、给你带来压力、让你失望的事。其实你可以沉着而有效地应付对立的情况，这样不但能达到你的目的，而且能让你们双方在个人或专业领域中更接近。

对我来说，大多数人在应付对立情况时都表现得太有侵略性，也太自我保护了，因此失去了谦逊心态和人情味。他们用一种敌对的态度面对事情，好像他们都是对的，别人都是错的。他们表现出“我跟你杠上了”或“我要给你点教训”的态势，好像坚持自我、侵略进取才是应付对立最好的方法。

如果你的侵略性太强，别人就会把你当敌人，自然就会有防御心。你的对手会认为你是个难缠的敌人。当他们变得自我防御心很强时，他们听不进你说的话，也会顽固到底。他们不会改变自己的观点，更不承认自己在制造麻烦。他们觉得自己不受尊敬，而且也不会尊敬你。所以，如果你用一种侵略性的态度与人对立，你就会撞得满头包。

想要解决冲突与对立，你首先要保持坚定，既沉着冷静又尊重对方。与其一心想着谴责对方的过失，不如想想怎么促成问题的解决；与其运用一定会引起对方反感的句子："你完全弄错了！我们要好好谈谈！"不如试着和颜悦色地说："我有点搞不懂，你能帮我弄清楚吗？"

比语言更重要的是你的感觉。虽然不是每次都能做到，但如果可以，千万不要在你生气或充满压力时与人对立。最好是等你冷静下来、理智清醒时再来处理。记住，大多数人都是讲道理、尊重人，也愿意倾听的，只要他们碰到的对象是冷静、镇定、说话诚心诚意的人。**因此，当你能沉着应付对立的情况时，不但很快会有结果，你的压力也会消失。**换句话说，沉着的心灵同时也是轻松的，就算是面对最困难的情况也不会慌乱。无论你要做的是什么，你总能保持冷静，这会让你觉得心安理得。你需要打的仗很少，而那些非打不可的仗也可以轻易化解。别人会愿意跟你配合，也会尊重你。而最重要的是，你自己的感觉与想法都会更好。

下一次当你再次与人起冲突时，不管是什么理由，我希望你都能沉着冷静地应付。如果你希望自己的生活不要像一场战争，这就是一个最好的开始。

要想让自己感觉好，先让别人感觉好

这么多年来，我一直在教人如何减轻压力，告诉人们如何活得快乐，而我仍然很惊讶，有些很实用的策略竟然就是最简单的方法。

有一个最基本的方法，从小我父母就教过我：如果你要让自己感觉很好，你就要让别人感觉很好！这实在是最简单的道理，但或许就因为太简单了，有时候我们反而会忘了还有这个方法。

我记得从我开始工作以来，我就在努力实践这个方法。我确实发现，这个策略的效果几近完美。每当我放下手边的工作，努力让别人感觉很好时，最后都点亮了自己的一天，让我也对自己感觉很好。

这常会提醒我，**生命中最珍贵的不是有形的物质，而是一些仁慈友善的行为所带来的感受。**这也让我更深刻地明白了“投之以桃，报之以李”的道理。送给别人情深意重的生日卡，或是花时间写张字条感激别人的工作表现，一次口头称赞，一通友善的电话，自发的帮忙，一束鲜花，它们都是能让别人感觉很好的形式。

仁慈与善意的举动永远是美好的。有一句古谚说：“给予本身就是一种回馈。”这是真的，你对别人付出善意，让别人感觉很好，就能让你自己感觉温暖与实在。所以，就从今天开始吧！想想你要让哪些人感觉美好，然后享受回馈吧！

学会与“个性不合”的同事和谐相处，
你会觉得工作有趣多了。

开口反驳前，请静下心来再想一想

这种减压方式是我多年前学到的：在你想反驳或辩解时，先退一步，深呼吸，放松，真诚地倾听，之后作决定。就是这样。这个简单的方法，能帮助你放下防御心态。

自我防御通常是因为某些话所引起的一种应激性反应。有人发表了一点意见，让你觉得受伤害了；有人给了你建设性的批评，你觉得有必要为自己、工作、荣誉或观点辩护一下；等你反驳完毕之后，你可能会再发表一下自己的高见，继续争执下去，结果让情况变得更不可收拾。

假设你的老板很快地看了一下你花了几个月做的工作成果，你为这件事付出许多的心血，也加了很多班，你对自己的工作表现很自豪，也认为别人应该有同样想法。但你的老板却说了些不太中听的话，他显然并不感激你的努力，也不觉得这份成果有什么大不了的。他的反应像是："你不能用别的方法来做这件事吗？"

对于这样草率的回答，许多人就算不生气，心里总会有些不舒服。或许你没注意到，大多数人就是因为觉得受伤害而变得自我防御起来。如果别人都能对我们的工作表现出更友善、更亲切的态度，或许一切都会好一点。不幸的是，我们并不是生活在这样的世界中。

如果你试着用一下本节开头提到的方法，你就能在别人的批评与你的自我防御反应之间保留一点空间，让你有足够的时间镇定与冷静下来。这个批评是不是真的有道理呢？他说的是不是对的呢？你能不能从中学到什么？或者他就是个混蛋？你越能对整个情况进行真实评估，对你就越有帮助。

虽然并不容易做到，但是在反驳之前三思而后言，的确会带来很多好处。如果你这么做了，你会发现自己渐渐成为一个冷静沉着的人。

该说“不”时就说“不”

有时候，我们感到压力巨大的原因在于我们承诺得太多，害怕说“不”。当别人提要求时，我们会说：“当然，我会做的。”或“没问题，我会负责的。”但事实上，我们知道自己不想做，我们的工作计划已经排满了。

永远说“是”，会出现两种问题。第一，你会被过多的责任或工作压垮，感到既沮丧又疲惫。简单来说，我们的工作量都有一个极限，到了那个点，我们的态度、精神甚或效能都会减退。当工作受到干扰时，我们的个人与家庭生活也不会好过。经常说“是”会让我们觉得自己是牺牲者，有太多事要做而无法休息。第二，当你该说“不”时却没有说，其实就是有点不诚实了。换句话说，你所做的事，是你并不想做或不该做的事，但你还是做了，在表面上，你把一切都摆平了，比如你的同事要跟你换休假日，你说：“好！没关系。”但事实上，你真正需要的就是休息。休息得不够，你就会承受不了排山倒海的责任，同时很气愤有这么多人要你做事。你又在给自己制造压力了，但你却以为压力是来自外界，是无法避免的。因为说“不”会让我们有内疚感，所以我们是自己把自己逼入了进退维谷的状态。

坦然说“不”并不是自私，而是必要的保护措施。如果有人跟你说“你正在呼吸的空气能给我吗？”你可能会怀疑对方是否头昏了而毫不犹豫地说“不”；但如果有人说：“我可以请你帮我一个忙吗？你可能会觉得很麻烦，而且压力会很大哟！”这时你可能出于习惯、义务或内疚感而答应。当然，一般人不会这么问你，但事实上他们的问话中就包含了这样的要求。

当然，有时候我们确实不能说“不”。在某些时候，我们说“是”也是因为我们真心想做这件事，太好了！关键就在于如何运用智慧去决定说“是”还是“不”，而不是直接反应。在回答之前，问问自己“所有事都考虑过了吗”，比如这个人提出要求的感觉与需要是什么？我需要说“是”吗？说“是”对我真的有利吗？或者还是最好说“不”呢？如果你用这样的观点来思考，你会发现有很多机会可以说“不”。

不要让消极的人拖累你

不管你做的是什么工作，总免不了会碰到一些消极的人。有些人态度很坏，有些不是愤世嫉俗就是被动消极，还有些人只能用“火爆浪子”来形容。

说实话，跟消极的人相处真是一门大学问，但我要告诉你的是，这份努力绝对值回票价。想想看，如果你不知道如何跟这些消极的人相处，你就会常常被他们拖累。他们的消极态度会影响你，让你变得沮丧、颓废、消沉。如果你不懂得如何对付这些人，最后很可能你也会变得愤世嫉俗、被动消极。

不让消极的人拖累你，最好的方法是从加强同情心开始。要了解一个人为什么消极，为什么不满足、不快乐，其实并不容易。大多数时候，这些人也不是故意的，他们也希望满足与快乐，只是不知该怎么做而已。

“积极”是一种最自然的心理状态。我们所选择的工作最好能让我们感觉受到启发、正面积极、有创造性、有趣味而且令人振奋，如果工作中缺少了这些品质，就会出问题了。如果一个人一直表现得很消极，那么他的生命中必然缺少了什么，因为不满足、出了问题或生活脱离正常秩序，他们才会有负面的思想与行为。

我们会被负面的行为打败，是因为我们认为那是冲着我们来的，或我们自己也有责任。当我们能以同情心作为出发点时，就会明白那个人并不是针对我们，就算是，也不是故意的，更不是因为我们做错了什么。想想看消极负面的思想有多可怕，一颗失去热忱的心有多荒凉，你就会知道消极的人如果能有另一种选择，就不会表现得如此颓废了。他们绝不是故意的，也不是因为好玩才这么做。

通常，两个人在一起工作时，会有两种状况出现，要么是消极的人将积极的人拉下来，让他也消极起来，要么积极的人鼓励消极的人，让他精神振奋起来。**要避免被消极的人打败，最好的方法是让你自己充满热忱，你才能解决问题而不是制造问题。**与其一直想着要和这个消极的人共事有多难，或拼命想他为什么这么消极，不如抱着活力与热忱经营你的工作与生活。一般情况下，你都会对这个消极的人发挥正面影响力。就算你影响不了他，你自己也不会受到负面的影响。

带着谢意与敬意同别人说话

不久前，我接受过一次很特别的采访。谈话告一段落之后，采访者跟我讲起发生在他自己身上的故事，简单却内涵深刻。他说这件事教他懂得了如何尊敬别人。我问他可不可以跟我分享这个故事，他同意了。

职场万花筒

从汽车美容店得到的教训

大约二十年前，马歇尔买了一辆新车，后座设计得特别宽敞，他那身形巨大的爱犬都可以坐进去兜风。买车后不久，他到一家高级的汽车美容店洗车，洗完之后却发现后座还是有很多狗毛。洗车的费用很昂贵，所以他觉得被骗了，心里很愤怒。

他向工作人员抗议，但是没有用，他们坚持他们的规定是“不替后备箱吸尘”。显然，他们认为狗坐的地方一定是后备箱，因此拒绝多做一丁点额外的工作。因为自己的抗议没有效果，他当即要求把经理叫出来。

马歇尔花了五分钟冲经理大吼大叫，他形容自己当时的声调是粗鲁、可憎又自大的。当他叫嚣完毕之后，那位经理抬起头看着他，用一种平静的语气问他抱怨完了没有？他说完了。

此时这位经理才不疾不徐地告诉他，他会亲自用吸尘器将狗毛清理干净，直到一根不剩为止。然后，他又用充满怜悯但坚定的语调说：“先生，请问你，是什么理由让你觉得自己有权利对我或任何人，用这样粗鲁的命令口气说话？”

马歇尔愣住了，觉得很尴尬。他确实没有权利对别人这样说话。他告诉我，接下来的二十年中，他每天都记着那天所学到的教训，记住每个人都应该被尊重，就算他有理由生气或失望也一样。跟这个人谈话是一件很有趣的事，我相信他一定从那天的教训中学到了什么，而这教训竟来自汽车美容店！我很难相信马歇尔曾经是说话粗鲁、不礼貌的人，现在的他非常温和、诚恳、宽容又关心别人，每个人都喜欢他，当然他也是自己行业中的佼佼者。

每当我观察到一些人很粗鲁无礼地对待空乘人员、服务员、店员或其他任何人时，我就会像那个经理一样问我自己：“谁给这个人这样说话的权力？”我始终没有找到答案。有些人相信，忍受神气活现的客户或颐指气使的老板是工作内容的一部分，但是对我来说，**只要我从中受惠，就该带着谢意与敬意同对方说话。**不管谁对谁错，始终尊重对方，其实也是对自己的尊重。如果你想找到让生活减压的方法，这是其中的一个重要法则。

常向工作伙伴
表达你的感激之情

上班族们最爱抱怨的事之一，就是觉得没有人感激他们的工作，或者只受到“一点点”的肯定。似乎大家都有一种共识，就是一个人只要能有工作就该感激不尽了，工作本身就是一种回馈。想要在工作之外获得言语或行为上的感恩，简直是天方夜谭。

问题是人们值得、也需要被感激。**一个经常得到感激的人会比较快乐、没有压力，也比那些没有受到认可的人有更高的忠诚度。**他们工作更努力，也更注重团队精神，他们不会轻易辞职，也很少迟到早退，跟同事相处融洽，创意丰富，追求卓越。相对而言，那些感到自己不被当一回事的人却更容易生气，对工作没有热忱。他们冷淡又懒惰，很容易觉得无聊，而且不好相处。最重要的是，这样的人很容易为小事抓狂。

不幸的是，我没法让人们“觉得自己受到感激”，我只能提供对别人表示感激的方法。但是，你会发现这二者之间是互相关联的。在我的经验中，我越是注意对一起工作的人表示感激，我自己的感觉就越好；然后，就像是拿到额外的红包一样，我也越能感受到他人对我的感激。这就像是俗话说的：投之以桃，报之以李。

即使一个人只是做他“份内的工作”，让他觉得受到感激和认可也非常重要。你可以试一试，现在就放下手头的事，向跟你一起工作的人表示你对他们的真诚感激。你可以称赞或鼓励他们，如果可能，送一张卡片，发一封电子邮件或手写字条，或是直视那个人的眼睛，当面告诉他你有多感激他；如果时机恰当，不妨送一个礼物或纪念品表达谢意。要让对方知道你的谢意，知道你重视他们及他们所做的工作，而且要经常这么做。你的善意最后都会回馈到你身上。就算没有，你还是值得这么做的。

当你表达自己的感激后，留意一下你有什么感觉。通常你会觉得平静又满足，觉得做对了一件事。真诚地表达感激之情，能帮我们纾解压力，不只是收到感激的一方感觉很好，表达感激的人也一样感觉很好。当你使别人认识到自己的价值时，你会觉得很有成就感；若是因为你的感激，而让一个人表现出自己最好的一面来，更是人生一大乐事。

有一段时间，我跟一位同事相处得很不好。我觉得她跟我在专业上要求的标准不合，她却觉得很不服气，我们两个人经常谈着谈着就要吵起来了。后来我认真考虑了一下，其实她工作很认真，但可能觉得自己没有受到应有的重视。我决定重新开始，用另一种方法跟她相处。我不再挑她的毛病，而开始想她有哪些事真的做得很好；我列举出她的优点，果然有不少，然后我写了一张感谢卡。我的感谢是真心诚意的，一周后，我也接到她写的一张美丽的感谢卡，指出大多数时候我也是很好相处的。就好像得到了红包一样，我发现工作中我认为需要加强的很多部分都获得了改善，我没有做什么额外的努力，也无需争斗，我们的关系自然恢复，工作又上了轨道。

最重要的是，我写感谢卡的目的并不是要操纵她，而是发现她认为自己不受重视，觉得她应该得到我的感谢。我的猜想是正确的。一旦她感觉到我的真心感谢，她就用自身的努力作出了回报。

当然，并不是每一次你都会立即收到这么好的反馈。我经常会碰到自己已尽力表达出谢意、对方却丝毫不为所动的情况。但是，这一切其实都无所谓。不论你是否得到反馈，这都是一件值得去做的正确事，至少你会让别人觉得好过一些。我想不出还有什么事会比向同事表达感谢，更能带来美好感觉了。

与人交谈时，不要过早下结论

我很难评估这条策略对我的职业生涯有多大帮助，因为它的效果总是很微妙或难以预料。但我可以确定，这是一种强有力的工具。学习不要太早下结论，让我不再把时间浪费在不必要或不适时的谈话中，也使我节省了许多时间精力，避免了与人争吵的机会。

大多数人都会对一件事情下结论。我们喜欢评论别人的观点、意见，指出我们认为他们做错的事，评论某些政策或行为，或是挑三拣四地发牢骚；当我们生气或沮丧时，我们更是会冲动地大发议论。我们会对别人的外表、行为甚至思想品头论足，有时候我们的评论是吹毛求疵，有时则是恭维赞美。当然，有很多时候我们的评论能帮别人解决问题或找出答案，有时候我们提出的观点却完全没有必要，甚至还会产生相反的效果，造成争执，伤害别人的感情或给人制造困扰，这样的情况就是你要尽可能避免的。

职场万花筒

原本平静的夜晚，被自作聪明的问题搅乱了

最近，一位女士跟我分享了她的个人经验。她工作了一整天，正打算离开办公室，心里渴望着一个平静的夜晚——洗个热水澡，爬

上床，抱本好书看到睡着为止。她看到走廊上有一些同事站在那儿，便走过去和他们道别。

这些人正在气呼呼地讨论一件事，这件事其实跟她没什么关系，甚至没有人问她的意见。不过她却有个想法要跟大家分享。于是她说：“你们知道该怎么做吗？”

你大概可以猜出故事的结尾了吧。她立刻加入了谈话圈，而且因为她自己提出了那个主意，如果她提前离开就太不礼貌了。最后她花了一个半小时说明自己的观点，却还是没有得出最终结论。结果，她筋疲力竭地回到家，累得没时间阅读了。她原本渴望的是一个平静的夜晚，结果却带着一脑袋的问题回到家，不但没法休息，还困惑不已。

虽然细节不尽相同，但我们不知做过多少次类似的事。这位女士并没做错什么，她只是想帮助别人，表示友善而已。她的简单结论对别人没什么影响，却给她自己造成了巨大压力。其实我自己也一样，有时即将结束一个电话，我会下意识地来一句：“某某到底是怎么回事？”我的问题等于是鼓励对方作出说明，我则必须多花 20 分钟听他解释细节。但还有别人在等着我回电，而且我已经迟了。像这样的情况，岂不是自己给自己找压力吗？

还要警惕一种情况：不经意作出的结论会造成长期性的影响。有一次，我在一间小型办公室听到一个女人对另一位同事大吼道：“我从没见过像你这样不会听人说话的人，我讨厌跟你说话！”如果她不这么快下结论，就能更有效地表达她的感受，以后她和同事的相处可能就不会显得很尴尬了。

我碰到过很多人，他们都表示这样的策略让他们的生活更平静安宁了。在他们开口之前，他们会先想一想，而不会说了之后再来后悔。这是既有用又简单的策略，可以运用在你的生活之中。基本上，你只要在说话之前先停顿一下，让你的智慧告诉你，你要说的话是不是有益于自己。不妨试试看，你可能会避免很多的苦恼。

Part 4

内在心灵提升篇

外在的转变来自于内心的觉醒。请张开你的臂膀，迎接生命中来临的每一个“当下”吧。你美好积极的心态将赋予工作全新的意义！

DON'T SWEAT THE SMALL STUFF AT WORK

列出你的“优先”清单，展开全新旅程

对现代都市人来说，每天的生活都像在赶路，很容易忽略一些本应是非常重要的事情，本节提出的策略就是针对这一点而设的。认真地思考一下你的人生中什么是最重要的。当你想清楚后，就将这些重要的事写下来，然后把这张单子放上一两周。

举个例子，你可能会列出一张这样的清单：1. 享受阅读的乐趣；2. 运动；3. 做义工；4. 与家人、好友相聚；5. 静坐冥想；6. 接近大自然；7. 整理东西；8. 写日记；9. 学习新东西； 10. 节食；11. 旅行。

过一阵子之后，你把清单拿出来，重新看一遍。现在，回想一下这段时间的生活，除了工作以外，你都做了些什么？如果过去几周你都是依照着清单的优先顺序来过日子，恭喜你！你是少数中的少数，我唯一的建议是请继续下去。我想你对自己的生活一定非常满意，你的工作也会是令人愉快的。

然而，如果你像我第一次做这个练习时一样，发现自己根本没有多少时间做这些事，那你真是需要好好反思一下了。我们显然很容易忽略那些我们认为重要的事，而去做一些紧急或方便的事。不幸的是，**生命并不会与我们妥协，更不会因为我们觉得某些事情重要而特地赐给我们时间。**如果我们不马上改变生活方式，依照自己设定的优先级来过日子，我们将什么也得不到。

我一直记得一位朋友说过的话：“作出抉择的是你的行动，而非语言。”

也就是说，虽然我认为家人和朋友对我很重要，并为此列出了详尽的清单，说了一大段豪言壮语，但是真正能衡量出我是否重视这件事的，是我为此花了多少时间与精力。

说得坦率一点，如果我将空闲的时间都花在洗车、泡酒吧、看电视这些事上，那只能说车子、酒和电视是我认为最重要的事了。并不是说做这些事有什么不对，也不是说看电视或洗车不重要，我要强调的是你运用时间的方式和你的生活质量。当你因忙碌或工作过量而觉得疲倦或沮丧时，很容易就会忽略自己设定的优先事项。你会迷失在自己的忙碌中，根本没时间去做，或只花了一点时间去做那些真正重要的、对你的生活有重大影响的事。你可能会用“这段时间我太忙了”或“过一阵子我会做的”当借口，但这样一来，你将永远没有机会去做。你的心灵没有获得满足，最终，你的工作、生活、健康都将受到影响。

一旦你下定决心，开始认真反省自己的行为模式，你就会发生改变了。你可以从一些小小的调整开始，比如在睡前阅读一小会儿，稍微早起一点做做运动或冥想，每天早一点回家陪陪家人等。记住，这个“优先事项”清单是你自己列出来的，所以你一定有办法做到这些事。我鼓励你今天就写下这张单子，让你的生命有一个全新的开始。

撕下“疯狂竞争”的标签

我常听到人们说，自己身陷“疯狂竞争”之中，这件事几乎成为常态，没有什么可大惊小怪的了。似乎所有人都认为，没人能逃出这种竞争的环境。人生原本就是如此嘛！

问题是，一旦有人在身上贴上“疯狂竞争”的标签，就等于在向周围人发出这样的讯息：“走开，我忙死了！时间太紧张了！资源也总是不够用！这个世界怎么这么拥挤啊！”这样的想法，会让你时刻担惊受怕，失去耐性；你总想把自己武装到牙齿，却又时刻觉得自己一无是处。你还会发现，那些总把“竞争激烈”挂在嘴边的人，常常很喜欢夸大其词，而且总是一副不胜其烦的样子。然而，面对同样的工作环境、同样的压力、责任和时间，总有一些人能心平气和地面对，想方设法把工作变得更有趣，而且效率和成绩一点也不比那些紧张兮兮的“竞争狂人”差！这是为什么呢？

每当我在职场上发现不想参与“疯狂竞争”的人时，总有一种惊喜感。当他们谈及自己的经历时，都表示绝不会让自己陷入竞争的困境中。他们工作的目的，是寻找积极、正面的时机发挥自己的才能，让自己活得更自在。

我们平时的工作状态，其实都是我们内心状态的真实反映，我们用什么样的视角去看待工作，如何定义自己的工作，都会对工作的状态产生直接的影响。比如说，你可能经常听到有人这样说：“我的天，今天可真是恐怖！

上班的时候一路塞车，身边净是些脾气暴躁的驾驶者；然后开了一天的会，什么正事都来不及做！办公室里的人就知道吵来吵去，完全是一群笨蛋！”

同样是这一天，你完全可以这样形容：“我开车去上班，然后花了一天的时间开会。我尽量争取时间把我要说的话说完，然后准时参加下一个会议。我的工作就是把一些意见不同的人很有技巧地组成团队，让他们发挥最大的效能。这真是一种挑战！”

是不是很有区别呢？两种说法都是真实的，完全看当事人愿意怎么想。你可以用同样的模式来形容自己的生活，或自己对时间的分配。你可以总是把“忙死了”挂在嘴边，也可以用另外一种说法来形容自己的工作。

你可以一步步地消除竞争的心态，变成一个平和安详的人，让自己有更多精力去过更有意义的生活。首先要做的是，不要总是跟人谈论你的工作，而是用一种健康的心态，重新定义你的生活与责任。

当你将自己的关注点放在更积极的事情上时，每天的工作和生活将变得充满惊喜，而不是麻烦不断。你会发现自己对事物的观点有了变化，同时看到更多解决办法，也能更充分地发挥自己的能力和专长。当你让自己从“疯狂竞争”的状态中解脱出来，你会发现，工作带给你更多回报。

停止抱怨，
让你的烛光照亮他人

这句话我在许多年前就听说过，并始终牢记于心。我坚信，它会让我们的生活变得更美好。这其中包含了积极而正面的思想，要人们朝着解决问题的方向前进，而不仅仅是抱怨种种不顺。我发现，工作场合正是练习这个策略的最佳场所。

我们在工作的时候，很容易花时间与精力抱怨恶劣的环境、经济问题、事情进展困难、同事的勾心斗角、官僚体制等。可以说，要证明这个世界充满问题，根本不费吹灰之力。

但是，如果你仔细观察，你会发现，在大多数时候，和别人一起抱怨或自怨自艾，只会增加你的压力，让你更难处理那些干扰你的事情。当我们将焦点集中在问题上，只会觉得生活充满困难和压力，从而坚信世界是不完美的。我们会丧失勇气，会充满挫败感。

幸好，在许多情况下，只要能在黑暗中点亮一根蜡烛，你就能克服困难、减轻压力。如此简单的步骤，却是解决问题的开始，因为这个策略所强调的是找出解决方案，而不是一味诅咒问题的产生。

举例来说，假设在你的公司里，背后说别人坏话已经成为一种风气，这时与其沮丧不安或愤怒不已，不如试试看能不能为解决这个问题作一点努力。你可以找几个要好的同事聚一聚，轻松地将这个话题带出来，但不要指责任

何人，而要强调你自己能做些什么；你要承认你和其他人一样，偶尔也会说说闲话，但你真的想努力改掉这个习惯；你要邀请别人加入你的行列，而且要让你的这种邀请轻快而又没有压力。你可以将焦点集中在公司内没有闲话的好处上，比如同事之间会更融洽、不用担心别人在背后怎么说自己、压力会变小等。在大多数情况下，许多人都会跟着你这样做，因为你已经开了头；对于那些不肯照做的人，你也不必纠结，因为你已经作出努力了。不管是哪一种结果，你都赢了！

职场万花筒

转变态度后，她的工作充满乐趣

莎拉是我见过的最热心助人的公务员。在她的工作流程中，事情进展迅速，人人面带笑容，而且满意而归。她非常友善、礼貌周到而且操作老练。

我忍不住问她的秘诀是什么，她回答道："我在过去的好多年中，用'这不是我们部门的工作'这种话，来将排队的人支开。但事实上，至少有一半的问题我知道该如何解决，甚至如何更有效地解决。排队的人不是很恨我，就是讨厌我的官僚作风。有一天，我突然讨厌起自己的态度，决定要作一些改变。现在，我会尽量想办法帮助别人，而不是将他们赶走，要他们到另一排去等待。所有的事情都解决了，大多数人对我都心怀感激，我对自己也更满意，我的工作更是充满了乐趣。"

要在黑暗中点燃一根蜡烛，不就是这么容易吗？

当别人有需要时，
尽量想办法帮助他们，而不是将其赶走。

积极面对生命中的每一个“今天”

通常来说，所有职场人士都可以分为两种。第一种可以称为“星期五俱乐部”会员。要成为这个俱乐部的会员，你必须要以周末为生活重心。这个俱乐部的大部分成员都是高压力一族，平时总是期待着周五的来临，这样他们就可以暂时摆脱自己的工作。对他们来说，一周只有两天是“好日子”。就连星期天也充满了压力，因为明天就是星期一，又要回去工作了！

另一个俱乐部的规模小了一点，但是参与者都会比较忠诚。这个俱乐部可以称为“星期一俱乐部”。这里的成员通常是工作狂，他们最受不了的就是周末，因为这时他们就不得不离开工作了。既然他们一周五天都全心扑在工作中，星期六及星期天就显得非常无聊。他们可能会试着在周末工作，但家人的要求又会造成干扰。这两派人看对方都很不顺眼，心里都认为对方是100% 的白痴！

我要邀请你参加的，却是完全不同的新俱乐部。这个俱乐部称为“今天俱乐部”。这里的成员每天都很快乐，因为他们知道每一天都是与众不同的，都会带给自己不同的礼物。这个俱乐部的成员，会庆幸自己活着，为自己曾经获得的祝福欢欣鼓舞，同时期待每天都会带来更多的奇迹、惊喜与机会。

加入这个俱乐部不需要任何条件，只要是想过高品质生活的人、希望自己充满活力的人都行。这个俱乐部的成员明白，祈祷每一天都发生奇迹是没有用的，不管你喜欢还是讨厌，每个星期一和星期五都会如期来临。**只有我们自己能让每天过得与众不同，单单作出期望，不会让日子有任何改变。**

简单说来，当你加入“今天俱乐部”之后，你对工作的态度会完全不同，你的人生观也会不一样了。想想看，如果你每天起床时都想着：“我很高兴一天又开始了，我要尽量让这一天过得积极而有意义！”你会很惊讶地发现自己的压力减轻了。只需要简单地改变一下自己的态度，你未来的生活与工作都将焕然一新！

在工作中磨练你的心性

每当我提起“心灵修养”应该成为生活中的主要元素时，一般人都会这么说：“我也希望能在这方面有所提升，但我实在太忙了，连工作都做不完，哪有那么多时间去修生养性呢？”如果你也这样想，以下策略对你可能就会有帮助。

在工作中磨练自己的心性，意味着你了解自己的本质，以及你对工作的信仰。也就是说，如果你相信仁慈、耐心、诚实、宽容、无私、博爱这些心灵价值，你就会更努力地将它们运用到你的工作中。你会显得很有爱心，懂得尊重人，即使有人迟到或做错了什么，你也会很耐心地对待他们；如果你需要惩罚某个人，你也会带着爱心与尊重来处理。你会尽可能宽容地运用你的时间、金钱、想法与爱。

从某个角度来说，工作是锻炼心灵的最好场所。每一天，你都有很多的机会练习耐心、仁慈与宽恕。你有时间让自己的想法充满爱意和宽容，让自己学着微笑、拥抱别人、学着表达感恩的心情；你可以学着成为一个没有戒心的聆听者；你可以试着练习对难缠或令人反感的同事和客户更加宽容；你可以将迎接客人或化解冲突当作一种心灵修养的练习，也可以在销售产品或提供服务时，或是在利益与道德之间寻找平衡点时，进行类似的锻炼。这样的机会俯拾皆是。

职场万花筒

工作，也是可以信仰的

葛瑞丝是一位出版人。在我看来，她就在工作与心灵之间建立起了良好的桥梁。她形容她的信仰是“非暴力、正直、爱惜万事万物”，她也确实是个言行一致的人。

她曾拒绝出版违背她价值观的书籍或相关产品，有时甚至会推掉即将到手的收入。我亲眼看到，当她对某项产品有道德上的质疑时，便毫不吝惜地走开。她不止一次告诉我，她绝不会只为了钱而出卖自己，永远要在镜中骄傲地看着自己，知道自己值得信赖。我知道她对自己的感觉很好，她也该有这样的感觉。她正是我仰慕、也乐意与之相处的人。

在工作中磨练心性，从而建立起工作与心灵的桥梁，是一件很美好的事。你将看到更崇高的人生目标，你的关注点将得到广泛提升。你会从困难中学会成长，而不会被挫折打败。即使需要做一件很可怕的事，譬如开除一个人，你也会秉持着善意与人道来完成这份困难的工作；若是你自己遭受可怕的打击或磨难，你内心深处的力量也会帮助你度过生命中的困难时期。最重要的是，**当你建立起心灵与工作的桥梁之后，所有让你抓狂的“小事”就真的只是小事了。**你会毫不犹豫地超越它们，向着真正的目标前进。这就像是一种良性循环，会给你的工作带来超乎想象的成功。我实在想不出，还有什么比这件事更重要了！

用善意获得更多回报

每当我看到有人带着威胁的口吻骂人，或将别人指使得团团转时，我都很想去提醒那个人：比起用蝇拍打，蜂蜜能黏住的苍蝇更多哦！说得简单一点，就是善意能帮你获得更多回报。当然，有时候威胁、命令的确能帮助你达到目的，有时候，有些人是吃这一套的。但我一直相信，这种恶劣的态度与行为到头来还是会伤到你自己。

前面已经讲过，当你表现得很有善意，真心关怀别人，用心倾听别人说话时，你的态度就会表现在你所做的事情上。于是，人们会喜欢跟你在一起，对你产生信任，跟你意气相投，愿意与你分享成功的秘密，并尽可能地在各方面帮助你。简单地说，他们会乐于见到你的成功。当你犯错时，他们也会很容易原谅你，而且愿意给你援助。当他们在背后谈到你时，都是赞扬与鼓励的话，你会成为一个口碑极佳的人。

但是，相反的行为却会给你带来恶劣的后果。当你苛责或指使别人时，你原本的善良品质都被刻意忽略，变得不算数了，更糟的是，监督、威胁的态度会给你自己造成很大的压力，你会怀疑谁还跟你站在同一阵线。当你在压迫别人时，也就是在将别人赶走。

我知道工作成绩很重要，但我在作生意上的决定时，除了评估获利、质量、成本外，还会考虑到与我共事的人是否心情愉悦。我总是觉得，如果我身边的人都很快乐，我们自然能得到更好的工作成果，我不但将在事业上获得成功，人际关系也会维持得很圆满。到目前为止，我的假设都是对的。

我听过很多人说类似的话：“再给我一次机会，我绝不会聘用那个人！”当我问他“你对他的工作表现不满意吗”时，对方通常会这么回答：“当然满意，但问题不在这里。那个人实在太难共事了。”

职场万花筒

善良与宽容让她获得了“一生仅此一次”的难得机会

在零售业工作的翠茜是个工作认真、聪明又有上进心的女人，也非常和善大度。零售业的一大特点是工作时间较长，在周末和假日也要上班。因此，员工们会抢着休假，尤其是重要假期更不放过。

翠茜在刚开始做这份工作时就下定决心，不管别人怎么想，她都要把宽厚包容作为自己的工作准则。所以她常常给别人代班，好让那些员工在重要的假期里能跟家人相聚。

有一次，翠茜获得了一生仅此一次的难得机会，可以到欧洲旅行两个月。以她的职位来说，不可能离开岗位两个月还能保住工作，除非有人愿意帮她代班。她感到非常为难，在此之前她工作得很努力才获得了今天的职位，她不想再从头开始了。

但让她很高兴的是，她之前的善意举动不但使她的欧洲之行如愿以偿，还让她保住了工作，因为她的同事都自愿替她代班。她感动极了，含着泪说：“我从来没想过我的同事能这样同心协力地帮助我。这是我生平仅见的、惊人的无私之举！”

我们大多数人都还有一条很长的路要走。偶尔我们还是会指使别人，让别人忙得团团转，或操纵别人以达到自己的目的。如果我们能认识到善意与耐心的重要性，我们就会朝这个目标前进。我相信，许多人都很清楚“善有善报”的道理，我只想再提醒你一次，希望对你会有帮助。

改变固有习惯，让生命焕发新的光彩

在工作时，我们总是很容易养成某些固定的习惯。有些习惯对我们有好处，有些却不怎么样；有些是没有必要的，有些则不可或缺；有些是因为大家都这么做，有些是因为你“一向都这么做”。虽然许多习惯已经成为我们生活的一部分，我们却从不去问为什么，更别提要改变它们了。许多人都是在工作过程中养成了一些习惯，然后就一辈子这样延续下去。

仔细观察一下这些习惯，对不合时宜的习惯作出一些改变，你的生活质量会提高许多。**因为坏习惯本身就是巨大的压力来源，它会使我们原本已经压力很大的生命更加沉重。**比如说，在工作开始之前，你不喜欢花足够的时间准备，总是匆匆忙忙的；你中午习惯于大吃一顿，之后又不喜欢活动，到了下午都觉得很疲倦；你也许习惯于开车上班，但其实也可以考虑搭地铁或公交车，这样会比较便宜，而且让你有时间休息或阅读；或许你总是喝太多咖啡，搞得自己神经紧张，而且长时间焦躁不已；或许你花太多时间看报纸，而没有时间看你真正喜欢的书；或许下班之后，你经常直接到酒吧喝上两杯；你也可能喜欢在晚上吃宵夜，原本是想让自己放轻松，结果却成了干扰睡眠的主要原因。只有你最清楚，哪些习惯会让你的生活更不好过。

你可以从自己的习惯中找出那些会给你带来压力的，尝试改变它们。改变的方法很简单，而且意义深远。比如说，要衡量一天过得是充实还是压力十足，就看你是否赶时间，尤其是早上起来的那一刻。早起一小时，或是早一点准备一天的工作，都能使你的生活焕然一新。

有些人利用午餐时间进行几十分钟的散步活动，他们的体重变轻，也更健康、更有活力了；他们节省下中午吃大餐的钱，把这些钱投资在自己的未来上，觉得自己比以前更轻松、更充实。此外，戒酒或减少酒量，都会让你感觉出乎意料的好。你会睡得比较踏实，第二天也会更有精神。而且，许多人戒酒后都觉得自己变得有耐性多了，人际关系也有所改进。可以改进的地方不胜枚举，不要说“我绝对做不到”，尝试一下，你一定能找到最适合你的那一种改变方法。

每个人都不一样，每个人追求快乐人生的方法也不同。我不知道你想改变的习惯是什么，但我确定你至少能找到一个。不妨试试看，何况你也不会失去什么，如果有，恐怕也只是失去了一点压力吧！

早点开始准备一天要做的工作，
能使你的工作状态完全改观。

活在当下，乐在工作

“活在当下”这个哲学命题，许多著作里都已谈到，但我相信这是一个永远新鲜，永远也听不厌的话题。当你练习聚焦于当下时，你会发现你在工作中获益匪浅。

通常，我们的注意力总是会集中在未来。我们会对许多事担心不已，包括工作的最后期限、潜在的问题、周末的安排、棘手事务的处理等。我们总是告诉自己，在坏事发生之前，作些心理准备比较好。有时，我们又会把注意力放在过去，懊悔着上周做错的事，今早与别人的争吵。为“上一季度的利润不够”而焦虑，或反复回味过去的痛苦与困窘。无论这些事是发生在过去或未来，我们总能找到担心的理由。然而，最大的问题在于，将来的事可能会发生，也可能不会发生。就算真的发生了，现在担心也于事无补；如果是过去的事，反正它已经发生，我们早已无能为力了！

我们还可以从工作效率的角度来考虑这个问题。当我们的思绪不是停留在过去，就是在未来时，我们的效率会如何呢？我试过两种方式，一种是一边工作一边胡思乱想，一种是专注于当前的工作。我可以告诉你，专心工作会让我觉得更轻松、更有创意，比胡思乱想时要高效得多。我曾经说过，当我在一段时间中专注于一件事时，我的能量是最大的。无论是打电话，还是与人交流，我都尽量全神贯注。在写作时，我也试着这么做，除非有紧急事件发生，我都会全情投入写作中。**我发现，一个小时的专心工作，抵得上一整天受干扰的工作成果。**

当我外出演讲时也是如此。我在演讲时必须保证自己时刻与听众同在，而不能胡思乱想。如果我现在是在芝加哥，我绝不会去想明天在旧金山的下一场演讲。我相信“活在当下”的策略使我的演讲很成功，让我能努力工作，也从不觉得商务旅行是一件让人筋疲力竭的事。

“活在当下”的态度其实跟你的精神状态有很大关系，跟工作环境的关系倒没有那么大。在办公室中永远免不了外界的打扰，电话、约会、同事的打断等，关键在于你能在多久的时间内集中精神，重新回到你手边正在做的事情上。当你学会活在当下时，你的工作效率会变得更高，而且会更乐于工作。更重要的是，你会获得无限的满足感。我相信你会觉得很享受的！

问问自己：“我真正要的是什么？”

“做梦”是许多人都乐此不疲的事情。我们会梦想自己有更好的工作，更大的权力等，有时这些梦想确实能提高我们的生活质量，有时却不值得我们花那么多时间去努力。因此，我建议你要对自己的“梦想”特别小心。

当然，我并不是要你停止做梦，或不再为更美好的未来而努力。我要提醒你的是，有时你的生活已经如你所期望的那样美好了。你应该仔细想想自己要的究竟是什么，有时候，当你得到自己想要的东西时，随之而来的沮丧、悲伤、责任、冲突与束缚等却让你应接不暇。你或许应该回过头看看，你现在的生活也许并没有你想象的那么糟呢！

我见过许多人花大量的时间期待某些变化，以便让自己生活得更好。但当他们如愿以偿，比如升任他们期望已久的职位时，他们又认为那些好处算不了什么。他们眼中看到的都是工作上又有什么新的问题，而忘了去享受一路走来的乐趣。

职场万花筒

为了成就“梦想”，他们牺牲了什么？

我认识的一个人经常抱怨自己现在的工作有多差，总是梦想着要得到公司里“另一个更好的职位”。直到他最终获得了那个工作，他才明白自己牺牲了什么。没错，他现在的职位比较高，也获得了加薪，但他必须一周出好几天公差，有时还长达一个月之久；他开始想念自己的三个孩子，还错过一些重要的活动，如足球赛、音乐会、家长会及其他约会。除此之外，他和妻子的关系变得很紧张。为了所谓“更美好的前程”，他牺牲了自己的生活和家庭。而且，因为这份职位忙碌、缺乏弹性的工作日程，他不得不放弃自己最爱的健身运动。

还有一位女士一直努力说服老板，让她在家用电脑工作，不必每天去办公室。她成功了。直到一个月后她才发现，虽然她不喜欢交通阻塞,但她确实喜欢每天到城里上班的感觉。那里有她的社交圈，她可以跟朋友在午餐时间或下班后碰面，她也想念在小咖啡店中的午餐时间、她上班途中收听的音乐，以及其他一些当时只认为是寻常的乐趣。过了一阵子，她越来越觉得家像是个牢笼了。

那些渴求权力或名望的人也是一样，只有当他们达到目的时，才明白毫无隐私的生活并不好受。他们不能再像汲汲无名时那么自由，而是需要处处小心，因为随时可能会有人在对他们评头论足，指指点点。当然，我并不是要对你的努力或追求泼冷水。人人都想赚更多的钱，因为这对提高我们的生活质量至关重要；有些人宁愿付出任何代价，来避免交通问题；有的人喜欢置身于聚光灯下，成为众人的焦点。重点不在于每个人不同的价值观，而是要懂得适时问自己这个重要的问题：“我真正要的是什么？为什么？”

换句话说，当你在工作方面有所追求时，最重要的是要考虑清楚利弊，以及你所追求的东西是否适合你，而不是将焦点集中在它的好处上。更大的权力可能是件好事，但也很可能让你失去个人的自由、隐私等。同样地，高薪的职务让你有财务上的安全感，但你可能会失去一些你从没想过会失去的东西。想清楚这些会对你有不小的帮助。慎重看待你想要的东西，你才会如愿得到它，而且还能得到更多。

鼓励你所在的公司投入慈善事业

要了解一样东西的价值，最好的时机是缺少它的时候。“慈善事业”就是这样的东西。如果你的公司没有固定的慈善支出，你知道你们一年捐给慈善机构多少钱吗？5%、20%，还是0？不过有一件事我们很清楚，公司里总有地方要花钱。如果等到一切都安顿好，你的公司可能就永远没有机会捐钱给慈善机构了。

无论个人还是企业，都有资助慈善事业的正当理由。情感需要、满足感、善心、助人为乐、回馈社会、关怀他人、保障未来、滋养心灵。对了，抵税也是一种理由。对企业来说，参与慈善活动会使公司的成长目标更为明确。如果你的公司计划将利润的5%用于慈善事业，就意味着你们赚得越多，就有越多的钱与有需要的人分享。这会让你的公司成为社会典范，你自己也会以此为荣，因为你所做的是正确的事。

投入慈善事业，对公司也会有无形的帮助，有利于打造团队精神，让大家一起为同样的价值观和目标而努力。公司中的每个人心中都会感到满足，对公司的认同感也会加强。此外，参与慈善事业还能让员工体会分享与付出的快乐，并将其延伸至工作之外，这些观念会为公司创造出更和谐温馨的工作环境。付出的感觉让每个人都愿意更加努力工作，也会让每个人觉得更加放松，不再为小事抓狂。

如果你自己拥有一家公司，这个计划就很容易实行，现在就可以开始。如果你是为一家小公司工作，这也比较容易办到，你可以向老板或主管提出建议。如果你身在一家大公司，可能就需要采取一些不同的方法。在许多大公司中，人人都会有一种“有人会处理这件事”的心理，或者你发出了倡议，却觉得没有人会听你的话。不过只要有一点可能性，都值得你试试看。

我遇到过许多企业界的领军人物，总体上来说，他们都表现出不同程度的善心，也很愿意付出。我想，大多数人都会欢迎你的提议，甚至会谢谢你。如果你试着提议了却不成功，也没有关系，你可以在自己的个人生活中参与慈善活动。

你能想象吗，如果每家企业都将其利润的 5% 或 10% 捐赠给社会上需要的人，那会产生多大的影响力？一定很惊人吧！当有一天你回顾自己的工作时，或许会非常引以为荣。相信我，鼓励你所在的企业参与慈善事业，将是你对这个世界最重要的贡献之一。谢谢你尽力而为。

接受不期而至的“倒霉”

我想给你讲讲我经历过的最倒霉的一天，回想起来就像是一场闹剧。那一天，好像所有的事都出了错。事情是这样的：我受邀到某地去为一大群人演讲，说实话，我一点也不想去，因为我刚刚结束一长串的旅行演讲，已经好一阵子没见到家人了。我很疲倦，时差没倒过来，工作的进度也落后了。但是我的出版商告诉我，那个演讲非常重要，所有人都很期待我的参与，所以我最终同意动身了。

在去机场的途中，我碰到我这辈子见过的最严重的大塞车，平时四十五分钟的车程变成了两小时；我还不小心将咖啡泼在了衬衫上，把自己弄得狼狈不堪；当我终于到达机场时，却发现飞机延误了，而且我预订的座位已经被人占去，我只好挤在中间的位置上。这让我感到很不方便，因为我个子太高，很怕跟人挤在一起，而且还希望能在飞机上安静地写点东西（事实上，这篇文章就是我在飞行途中写的）。因为班机误点，我在芝加哥错过转机的时间，只能等上好几小时，以搭上当晚最后的班机。我利用在芝加哥机场等待的时间看书，一个路过的女人被别人的皮箱绊倒了，她手中的饮料刚好直直地倒入我打开的手提箱中。在她向我道歉的时候，她手中剩下的饮料又倒在了我的书上。我的书、演讲底稿、飞机票、钞票、孩子的照片和其他种种东西全都“泡了汤”！

终于抵达目的地时，我已经筋疲力竭。但时间已是早上，我只好洗个澡就下楼了。对方的接待人员早就和我约好时间在大厅碰面，好陪我到会场去，但她竟然没有出现！我打电话到那个演讲会举办的地点去，但他们却说，出于“安全上的考虑”，如果没有那名接待人员陪同，我就不能进去！他们要我等在原地，直到有人来接我为止。你大概猜到了，我最终“理直气壮”地错过了那场有两千人参加的演讲。这就是典型的“乱七八糟”的一天！

当发生这样的事时，我简单不知道该怪罪到谁身上。这一天就像是一场荒谬的喜剧，我就是那霉运当头的主人公。一场灾难？紧急事故？恐慌时刻？或许都是吧！我是这样看待这件事的：人生就是起起落落的，我凭什么获得豁免权？面对现实吧，每个人一生中都会有些悲惨的日子，只是这次轮到我了而已。事实上，我已经很久都没有延误过工作了，而且不曾错过任何一场演讲，所以那一天的遭遇，想必是无法避免的。

这并不是一种漠不关心的态度。我和你一样尽了自己最大努力，我从来不迟到，不故意爽约，我认真对待自己的工作，在演讲时从不敷衍。遇见这样的情况，你可否告诉我，我还能做些什么？但是，心平气和地接受“总会轮到我倒霉”这样的想法，会对你很有帮助，这是你与生活和平相处的方法。给自己充裕的时间忘掉这一天的梦魇吧，**当你的心中能容得下人性的缺点与不可避免的错误时，你就能保持幽默感，不会过于神经紧张，即使在最坏的情况下，也能做最大的努力。这也会让你原谅别人无心犯下的过错，因为他们也有自己“倒霉”的那一天。**

我还要继续讲讲那天发生的事情。我后来遇到了几个真诚、友善又聪明的人，我们将原定的演讲改为签名会。虽然我们期待的原本是完全不同的一天，我们还是尽力把这一天过得好点儿，最后大家也笑成一团，觉得非常开心。你看，这个世界并没有因为理查德·卡尔森过得很倒霉，就停止运转了哦！

我想用发生在我自己身上的这件事告诉你：你可以把事情看得很可怕，把自己弄得很沮丧，但你也可以试着在黑暗中找到曙光。如果你真的找不到，至少可以把它当成老天跟你开的玩笑，然后努力过得好一点。反正每个人一生当中总会有倒霉的一天，那些问题还有什么好稀奇的呢？

从“金钱铐链”中挣脱，找回自在感觉

第一次听到“金钱铐链”这个形象的比喻时，我好像茅塞顿开，看到自己过去的生活和工作状态。我知道许多人都戴着这样的“铐链”而不自知，这一节的目的是想帮助你或你喜欢、关心的人摆脱这样的困扰。如果你也觉得自己被“金钱铐链”铐住了，或许我能为你提供一个脱身的方法。

所谓“金钱铐链”意味着你心甘情愿地让自己处于极限状态，不停地超时工作、拼命赚钱。你赚到的钱让你能维持一定的生活水准，但却牺牲了其他的一些生活要素。你可能会觉得自己没时间享受工作以外的生活，虽然你很想这么做；或许你只能花一点点时间跟配偶、孩子、朋友和其他任何你所爱的人在一起；你不知不觉地用自己的生活品质（时间、习惯、人际关系，独处等）与金钱做了交换，因为你要开某种特定牌子的车子，住某种档次的房子，想得到某种特殊的精神享受。而当我们习惯某种生活方式后，就很难再回头了。

请注意我所说的“心甘情愿”这四个字，这说明我所指的并不是那些必须拼命工作以维持温饱的人。戴着“金钱铐链”的人在生活中是有选择权的。如果你认真而诚实地审视自己的人生，你会发现，自己其实有很多选择的机会。买下那辆新车，真的能让你显得高人一等吗？为了那些名牌衣服，没日没夜地加班值得吗？带这么多信用卡，真是一种荣耀吗？为了刷卡的一时之快，你宁愿背下沉重的债务吗？住100多平方米的精装修新居，肯定比70平米的旧房子舒服吗？你的孩子真的非读私立学校不可吗？乘坐地铁或公交车上班，省下停车费、汽油、过路费等，就是一种牺牲吗？问问自己，你真的需要这么多东西吗？

职场万花筒

为了物质享受，他透支了未来的工作

不管从哪个角度来看，马克都是一位很成功的经理人。他在同一家公司工作了十年，他的职位既重要又富有挑战性，薪水与福利都很高，人人都尊重他。他家的房子很漂亮，开的是进口名车，孩子念的是私立名校，这都让别人羡慕不已。然而，马克也有自己的烦恼，这么多年过去了，他对自己的工作不再感兴趣，想试试别的行业。他喜欢大自然，梦想能有一份与环保相关的工作。

问题是，马克把自己绑死了，当他失去对工作的热忱时，却发现自己预支了太多的钱。

为了寻求刺激、纾解工作压力，他买过一台越野车、一艘游艇及其他许多新鲜玩意儿，他必须用未来几年的薪水支付这些开销。他不得不卡在现在的位子上，因为他必须有这份高薪的收入，才能负担得起每月要缴的贷款。他没有选择的机会，而梦想是不会在一旁等待他的。

其实要除去“金钱铐链”并不难，问题在于你自己能不能接受。降低生活水平、少花点钱、让生活简单化，这些建议与常见的倡导提高生活水平的观点相反，但花点时间来想一想的话，这些简单的策略却会使你的生活更轻松、更没有压力。反过来说，减少一些压力与忧虑，我们的生活水平真的算是降低吗？多花点时间在自己、家人和朋友身上，这算是降低生活品质吗？减轻财务负担，多花点时间享受人生，这能算是最坏的打算吗？

当然，我并不是说每个生活优裕的人都要卖掉他们的大房子，搬到乡下去住，或是你该换掉努力多年的工作，更不是要你放弃高薪，接受一份勉强维持生存的薪水。我要说的只是，金钱锈链可能是痛苦压力的主要来源，如果你能摆脱它们，你就能更加轻松自在。所以，请你仔细观察一下自己的生活，然后决定这个策略是否适合你。也许你很难面对这个问题，但对于那些作了选择的人来说，自由自在的感觉已经值回票价。

及时走出“犯错”阴影

不管是多是少，人人都会犯一些让自己后悔不已的错误。我也曾经有过反应过度、得罪人、对事实视而不见、不小心嘲笑别人、丢三落四、说了不该说的话的时候。我还没遇到过任何一个人，敢宣称他一生中从未犯过错，**所以重要的或许不是你做错过什么，而是你多久能走出犯错的阴影。**

就拿“反应过度”这种常见的错误来说吧。我们或别人的过度反应，可以让一个小小的错误或挫折变成一件天大的事。在说错话之后耿耿于怀，或陷入自我防御的状态而拒绝道歉，也会造成这样的后果。在我的职业生涯中，就有过很典型的例子。

职场万花筒

早一点弥补错误，少一些伤心沮丧

几年前，我因某事得到了奖励，现在想来，那实在不能算是我的功劳，但当时不知道为什么，我却坚决要捍卫自己的利益。最后，那个被我抢了功的人生起气来，认为自己受到了轻视。我们两个僵持不下，其他人不得不相继介入，浪费了大家许多精力和时间。

一天晚上，我跟一位朋友谈到这件事，他思考了半天之后说：“理查德，在我看来，你确实抢了她的功劳。”之后，他把他的理由详细解释给我听，我觉得的确很有道理。这让我觉得很尴尬，也觉得自己很笨。那天回家后，我鼓起勇气打电话向对方道歉，她很开心地接受了，原来她所要的不过是简单的认可和我的道歉而已。如果我早一点作出弥补，大家就不用浪费时间来伤心或沮丧了。

从类似的事情身上，我逐渐学习到如何更快地走出错误的阴影。我现在仍然偶尔会反应过度，会自我保护，会忘记表达感恩或说了不该说的话，但我现在更容易意识到自己的错误，承认自己的错误，并迅速去作出弥补。这样做使我心胸开阔，当有人向我提出任何建议或意见时，我都会悉心聆听，而不会当场要争个是非。我试着保持开放的心态，给自己心灵成长的机会。而且我也渐渐发现，这些提建议的人所说的话或多或少都包含着哲理与智慧。

“人非圣贤，孰能无过”，一旦你真正体会到这句古谚的内涵，你就会自觉地原谅自己和别人，心平气和地走出犯错的阴影。我发现，当我能更快走出犯错阴影时，我不但能从别人身上学到东西，也能从错误中获益匪浅，我的职业生涯也因此变得更轻松自在。如果你愿意试试这个策略，我敢打赌你也会有同样的感觉。

有些事情是不能用钱来衡量的

为自己做的每一件事"标价"，是许多人的工作习惯之一，在我看来，这却是个会增加压力的习惯。我们在脑海中不停地计算我们所做的事或拥有的东西，而这些精力本可以用来做别的事或拥有别的东西。当然，有时候这么做对自己也是有帮助的。比如，你把时间花在看电视或整理桌子上，却懒得去写明天早上要交的工作报告，你就可以这样提醒自己：看电视是要付出很大代价的——这代价很可能就是你的工作呢！

我还记得我曾经和妻子克瑞丝买下了一艘游艇的1/5股权，但在接下来的两年中，我们只在游艇上待过一次，还只是跟朋友在船上野餐而已，不是真的出航。这个教训就对我们很有帮助：一场野餐竟然花掉两千多块钱！不过，至少那场野餐还是蛮有趣的。

但在更多时候，我仍然认为不应该为我们做的所有事情标价。我认识许多人，他们从来不花时间出去玩一玩或放松一下，因为这样"付出的代价太高"。他们总是计算着如果他们离开生意，那天就要少赚多少钱或损失多少时间；就算有一天他们真的出去玩，却发现自己根本轻松不起来，因为他们的脑子里还是想着自己该做什么、错过了什么。"如果我今天去见客户，一个钟头可以赚五十元，那么今天我就能赚到四百元了，唉，我真不该来这儿的。"**在精打细算的时候，他们其实已经了失去了平静充实的生活，失去了**

对你的心灵有好处的事是不能标价的，
多花些时间做做这样的事。

与家人相处、欢笑和享受的能力。就算赚钱的能力再强，这样的生活也不值得羡慕！

职场万花筒

世上没有比跟儿子在一起更重要的事情

我最喜欢回忆年轻时父亲帮我搬家的事情。那天是工作日，父亲请了假，当时他正经营一家大公司，工作非常忙碌，可以用分秒必争来形容，事实上，他大可以雇几个工人来帮助我，不必亲自出马，这样既省事省心又节省时间。我记得我自以为精明地跟他说：“爸爸，这次搬家你可不划算了哦！”父亲不假思索地回答：“理查德，你不能把跟儿子相处的时间标上价格。在这世上没有比跟你在一起更重要的事情了。”

直到二十多年后的今天，他的这句话我仍然牢记心中，未来也将如此。对我来说，这句话比他一生花上数千小时为家人打拼赚钱有更大的意义。这让我觉得自己很特别、很重要、很有价值。这也提醒我的父亲，生命并不只是“一个又一个充满压力的工作日”。

如果你想减轻生活和工作中的压力，做一个快乐的人，我已帮你找到了一些不需要标价的秘方：花点时间独处、与最爱的人相处，或做一些你喜欢的事情。不要想着你原本能利用这些时间赚多少钱。如果你能珍惜个人的生活以及生活中真正重要的事，你会发现生活比以前容易多了。当你尽情享受生活，而不再计较成本时，你会发现生命真的属于你自己了。

放弃无谓的执著和坚持

我们常常会在某场根本没有机会赢的战斗上浪费时间，这对许多人来说都是巨大的压力来源。我们总喜欢坚持自己是对的，或者就算明知不可能，也希望对方作出改变。我们誓死要跟石墙对抗到底，却不肯退一步，选择另一条容易的路绕道走。我们就是要战斗下去。

假如你正在开车上班的途中，另一个急躁的车主紧跟着你的车。你很不高兴自己的空间受到侵犯，紧张地注意着后视镜。如果你真的被惹火了，可能会还故意放慢车速，把对方别死，同时嘴里骂着对方太没公德心。但就算你对这个车主的评价很正确，你参与这场战争的结果还是会沮丧而归，更糟的是你还可能出车祸。当你认清这是不值得打的战役时，你可以很冷静地移到另一条车道，让那个车主往前开，让他自己去出车祸。好了，到此为止。需要注意的是，你只有结束这场战争，才能开始自己的生活。

一个自负又大男子主义的会计师跟两个聪明的女同事吵起架来。她们质疑他对一个税务问题的计算结果，而他根本听不进去。由于她们拿出所有的证据与数据证明他的错误，而他自己却拿不出任何佐证，他便将她们赶走，不理会那些数据。反正是他在负责这个案子，而他认为这个案子已经结束了。

事实上，在这个例子中，专业名声会受损的是他，而不是她们。她们好心想帮他的忙，以免最后出乱子，更何况他的错误不是故意的，也并不明显，

确认什么战争最好放弃，
什么战争要继续下去。

但她们无法改变他的想法。幸好这两个女人已经学会不要在小事上执著。她们知道，只有金额很高或牵涉到利害关系才需要向上级报告，但在这个案例中并不值得这么做。她们的决定并非漠不关心，事实上她们都是很专业的，知道什么样的战争才值得打下去。

当然，若真的是攸关生死的大事，你就必须坚持立场，战斗下去。然而，生活中的压力通常都不会从这样的情况中产生。事实上，一般人在处理重要的人生大事时都很沉着，你的压力通常来自那些“赢不了的战争”，而且那些战争的结果跟你也没什么太大关系。

或许有一位同事的抱怨让你很苦恼，你花了无数的时间与精力来分担她的感受，为她提供了许多建议，她回过头来总是一句“没错！但是……”，而且从没有接受过你的建议。如果你被这种情况干扰，就是在打一场赢不了的战斗。她可能一辈子都会这样抱怨不停，你的参与、关怀与努力到最后都化为乌有。难道这就表示你不该再关心别人吗？

当然不是。我只是要你放弃“说服她不再抱怨”的想法，这样就没事了。你可以祝福她，甚至随时愿意为她效劳，但如果你想过一种没有压力的生活，就必须放弃这场徒劳的战斗。

我们常常为了一些蠢事而战斗，有时候是出于顽固，有时候是想证明自己的能力，有时候只是一种习惯，但更多的时候是不知道自己的努力会导致什么结果。不管是什么原因，只要你的目标是“不为小事抓狂”，这样的倾向就是一种严重的错误。伟大的足球教练文斯·蓝巴迪曾说过：“**当你做错了某件事，再继续热心做下去也于事无补。**”我想不出比这更精辟的话了。

我想我之所以能成为一个快乐的人，主要的原因也在于我知道什么战争最好放弃，什么战争一定要坚持下去。这样我就可以节省精力与热情，用在对我来说最重要的事情上。我总觉得自己的安宁幸福比参与某些争执以证明自己的能力要重要得多。我希望你能将这个策略放在心上，因为我知道这会帮助你在工作上不再为小事抓狂。

用充满爱的健康心态来竞争

竞争是生命中的事实。假装这样的事不存在，或认为自己应该不计代价避免这样的事，都是很荒谬的。我一直都很喜欢竞争，小时候我是全校跑得最快的学生，也是北加州同年级学生中排名第一的网球选手。我曾当选全美高中运动员，并获得大学网球队的奖学金，还是我们队中有史以来最年轻的队长。我还跑过三次马拉松赛，其中有一次在三小时内完成。

成年之后，我很高兴竞争还在继续，不只在运动场，也在事业生涯中。我喜欢谈判，喜欢买低卖高；我喜欢自己的创意，也相信自己有从事市场营销的天分；出版业是个竞争激烈的市场，我很高兴自己的书销售成绩很好，而在演讲后得到如雷的掌声，也是件很开心的事。我可以确定的是，如果我没有竞争力，就无法帮助更多的人。所以参与竞争是很重要的。

我说这些，是因为我跟许多人谈过话，他们都以为我是个很轻松、没有竞争力的人，其实这是错的。我不想让你觉得温文有礼的人就没有赢的机会，你可以同时拥有两者，只要你接受我的建议，用“心”竞争。你可以成为赢家，赚很多钱，享受生活的乐趣，但仍然保持冷静的头脑，知道生命中最重要的事仍然是享受生命，回馈社会，并在任何情况下泰然处之。

用心竞争，意味着你不是在绝望或神经质地追求你想要的东西，而忘了自己真正爱做的是什么。竞争的本身就是一种酬赏。你热切地沉浸在过程中，完全融入此时此刻的商业谈判、买卖、协商、互动等过程中，当你用心竞争时，过程就能让你满足，赢不赢已经是另一回事了。不要那么急切地想赢得胜利，你可以保留自己的能量，观察可能的机会，还可以从自己的错误与失败中学习，不断进步。这种不疾不徐的态度将是你最大的优势。用这种健康的心态来看事情，你的职业生涯将会轻松许多。你会显得弹性大、反应快、精力充沛，表现出很好的“运动员”潜质。

曾经有人说：“胜利不是一切，却是唯一。”对我来说，这是无稽之谈。这好像是在强调，如果你不急着追求成功，你就赢不了。我可以告诉你，我就不急着追求成功，从不、绝不，但我还是赢得了许多奖励、竞赛与第一名，还赚了很多钱，做了些很好的投资。但是如果这些都不是从我心底出发参与的竞争，就没有一样对我有意义了。如果我太在意成功成名，而忘了人性，这些就都太多余了。所以，“赢就是一切”的想法是非常不正确的。

职场万花筒

冷血开除别人的他，终于也尝到了被开除的滋味

爱德为一家生化科技公司工作了五年。他的工作之一是整合删减成本，让公司不要过度膨胀。他告诉我一些很可怕的事，让我几乎不敢相信。

“我很不想承认这件事，但是每当我开除一个人时，我就特别兴奋。我不认为自己是个很可怕的人，因为删减成本对我的意义要大过开除那些人对我的影响，那是我的工作绩效，也是我接受评估的标准。或许所有的人都很害怕，不知道该怎么办，或许他们有三个孩子要养，有房屋租金要付，但这些都打动不了我。直到有一天，这些事通通在我身上发生了。突然间，我被开除了。我相信许多人都幸灾乐祸，认为这是我应得的报应。我想也是，但我要说的是，这种痛苦却是发生在我身上最好的一件事。它让我张开眼睛，懂得慈悲。我再也不会像以前那样待人了。”

比这种不正确观念更严重的是社会的价值观。“竞争就是要赢”的观念创造了许多可怜的赢家与输家。我们的想法变成：要么赢，要么下地狱。这是一种有伤害性的讯息，会传送给孩子们一种妄自尊大的错误概念。何不用这样的讯息来取代呢：倾其所能，尽力竞争，享受每一个时刻，如果你输了，也输得快乐，这才是真正的用“心”竞争。

能够用“心”竞争是一种恩赐，不只是给你自己的，也是给崇拜你的人，和世界上所有人的恩赐。当人人能用这样健康的、充满爱的心理来竞争时，你会在两方面都获得更好的结果：不但拥有成就感，同时能保持洞察力。

任何时候做任何事都尽心尽力，
并且从错误中学到宝贵的经验。

每天抽出 10 分钟，什么也不要做

我打赌你一定在想："我做不到！""他根本不知道我有多忙！"或"简直是浪费时间。"而我很乐意告诉你，你的想法都错了。我完全知道你有多忙，但我确定这 10 分钟空档时间对你的工作绝对有帮助。

就因为你太忙了，一天花 10 分钟无所事事才会是绝佳的点子。对大多数人来说，所谓的工作日就像在赛马一样：一起床，比赛就开始了。我们在一天当中不停工作，而且拼命加快速度。我们努力完成紧急又重要的事项，解决问题，逐项检查我们当天该做之事的清单。难怪我们很容易为小事抓狂。也因为我们一直很忙，只要有一点点差错，我们就要崩溃或沮丧不已了。

花个几分钟什么事也不要做，保持冷静与沉默，能帮助你不会崩溃。这给你一个重新整理自己观点的机会，也让头脑休息一下，好让智慧与常识有机会运作。当你静静坐着，什么也不做时，你的头脑就有机会找出条理，解决问题。这会让平时看来一团糟的事变得井井有条，而且让你的头脑有机会休息与重启一下。一些点子或解决方案会突然冒出来，那是当你头脑混乱时怎么也想不出来的。当你静坐完毕之后，你会发现生活的步调好像慢了下来，这会使事情变得更容易些，你的压力也会减轻许多。

我见过一个很成功的企业领导者就是这样做的。每一天，不论有多忙，他都会选一段时间安安静静地享受一下。他知道自己越忙，就越需要静一下。

他开玩笑地对我说："安静个几分钟，会让我发现自己脑海中有多少无聊的想法。很明显地，这些混乱的思想正妨碍着我直接看到问题的核心。而这几分钟的安静通常能使我保持清醒，不再混乱。"

的确，我们总是会忙得不可开交，东奔西跑。这样的10分钟是非常理想的安静时间。一开始你可能以为这会降低生产力，但是缔造成功的最有效方法之一，就是必须一天花几分钟，什么也不要做。你会不敢相信自己所发现的结果。

随时为事事如意喝采，
能帮助自己面对那些出错的状况。

和别人一起工作时，请“全情投入”

不论你做的是什么工作，“全情投入”能让你的工作更有效率，也更有趣味。这会让你愿意与他人接触，更容易集中精神，也能纾解压力。

所谓“全情投入”是很奇妙而又难以定义的状态。事实上，当你没有全身心投入工作时，别人很容易感觉到。换句话说，你很容易发现谁是带着参与感全情投入工作的，谁没有这样做。一个有强烈参与感的人也是很有人格魅力的人，人们往往会被他的能量所吸引。

有强烈参与感并不是说你一定要很外向，虽然有时是如此。但更重要的是你能集中心智，完全自信，而且能活在当下。当你带着参与感全情投入工作时，与你在一起的人能感受到你是“真的在那儿”，全神贯注地参与一切。你的心思没有飞到别处，而是专注于事情的发展，倾听别人说的话。你会将全副心神放在跟你说话的人身上。

我们会给自己很多压力的一个原因是，我们的脑子总是在同一时间中想着太多不同的事。我们做着一件事，心中却想着其他十几件事。我们被自己的思想、忧虑、担心干扰了。全情投入工作能让我们的压力减轻，因为我们的心思集中于现在，只注意到手边的事，而不是千万件其他的事。我们的心平静下来，也能集中精神了。虽然我们的工作更有效也更利落，但我们却是更平静、更轻松的人。

此外，当你的脑海中一次出现两三件事，或是你太忙着东想西想时，你很难有真正的满足感。但如果你集中精神，完全投入现在所做的事，你的世界就会充满了活力，每一天的例行公事也会出现新意，每一天也都会有特殊的涵义了。想想你的嗜好，例如观鸟、编织、修补这些活动，它们原先并不是有意思的事，但是当你专心一致时，这些活动都变得趣味十足，这也是满足感的真正来源。当你全情投入时，就算只是读一本书，此时此刻也会变成你一生最有趣的时光，你会沉迷在故事中。但如果你不能专心致志，同样的一本书可能味同嚼蜡。

同样，当与人相处时，如果你能全情投入，别人会很愿意亲近你。他们跟你在一起很轻松，不会有戒备心，也会因为感觉到你的真心诚意而愿意和你在一起。他们喜欢跟你打交道，希望你成功；他们会跟你合作，而不会跟你唱对台戏；他们会尊重你的意愿，也愿意听你说话。全情投入让所有的互动都充满乐趣，每一次的谈话都是快乐的来源。否则，所有互动都会变得毫无生气、无聊至极。

如果你在碰到一个人时这样想："这个人身上有一些特殊的地方，我说不出来，但是感觉得到。"那个特殊之处，可能就是他身上的参与感。那么，如何让自己也成为这样的人呢？最重要的是努力让自己不要胡思乱想。当你跟人在一起时，要试着加入他们，如果发现自己有乱想的倾向，轻轻拉回自己的思绪。当你在做什么时，别想着其他的事。试着加强自己的参与感，把它当作一个重要的目标，它就会出现在你的生活中。一旦你体验到全情投入的价值，感受到它的影响力，你就再也不会回头了。你将会乐在其中。

与其坚持说人生给你带来种种压力与困难，
不如放松自己，不要受影响。

靠近你的“精神中心点”

所谓靠近“精神中心点”，是指处于满足、丰富、充实的生活方式之中。这是大多数人渴望拥有的品质，也是我一直在培养的一种气质，更是我生活中的首要目标之一。

我很清楚，我所追求的任何成功或幸福都源自于此。回顾我的生活，如果出了什么问题或错误，一定是因为我远离了中心点，失去了内心平衡。

在我看来，“中心点”是一种平静又充满灵性的感觉。当你位于自己的中心点时，你会觉得心情顺畅，目标清楚，一切都处于常轨之中。你知道自己走对了路，可以顺利地处理事情，解决问题，完成工作，不论困难有多大，你都能感觉到自信和热忱，觉得一切都在掌握中。你能在暴风眼中保持冷静与镇定，就算你不是最努力的一个，你的思维模式也是健康、有组织力、有创意的。另外，你绝不会为小事抓狂。

然而，如果你离开中心点，内心就会充满恐惧、混乱、骚动和其他一些压力十足的想法。你很容易惊慌，总是想着最坏的事；你的压力很大，而且容易失去平衡，好像时间永远不够用；你没有办法专心，也跟不上进度，更容易犯错。不管是什么事都会干扰到你。

你可以将精神中心点想成你的心灵家园，是你最自然的生活方式。你可以偶尔脱离一下常轨，但是最后，你还是要回家。因为这是你最好的状态，用不着费什么力就可以达到。换句话说，**只要你心中不慌乱、发狂，总是能保持一颗平常心，你就会回归到那种安宁的感觉**。因此，要回到你的中心点，只需要放下充满压力的思想，澄清你的思绪，一切就都井然有序了。

靠近你的中心点并不像你想象的那么困难。你只要注意自己的感觉，在发现自己开始陷入混乱时把自己拉回来。比如，在你努力工作时突然想到了截止日期，你可能会不自觉地想象别人对你的工作评估。你会问自己：“他是会称赞还是否定我的工作？”如果你注意到自己正在想些什么，你就会发现你心中充满了压力与紧张。这时，你其实就远离了中心点，让自己进入混乱纷扰的情境中。如果你观察到发生了什么事，就可以摆脱这样的思维模式，重新回归到你的中心点。换句话说，你并不需要歇斯底里才能把工作做得很完美，而且在期限内交出来。相反地，因为你在中心点，又能专心致志，你能花更少的时间做出更好的成果来。

毫无疑问，靠近你的中心点会给你最大的益处。我鼓励你去尝试，努力看看，你会喜欢那种回馈的。

原谅自己吧，每个人都会犯错

我在前面提过这句话：“人非圣贤，孰能无过。”让我们面对事实吧！既然我们是人，就表示会犯错，至少某些时候会。我不知道为什么像犯错这样一件简单的事也会让我们如此愕然与失望，我完全不觉得这有什么大不了的。

对我来说，我们所犯的最大错误就是不善于原谅，尤其是不能原谅自己。我们不断地提醒自己现在和过去犯了什么错，甚至预期未来会犯的错。我们苛责自己，经常对自己失望，无情地批判自己。从这个角度说，我们也是自己最可怕的敌人。

其实，不肯原谅自己是很愚蠢又荒谬的事。生命并没有为我们配备一本防愚蠢手册，我们真的尽力而为了，但我们并不完美。没有任何人，包括我自己，能精通人生这门学问，对其驾驭自如。我们所能做的只是在任何时刻、做任何事时都尽心尽力，并从错误与跌倒中学到宝贵的经验。

我觉得，我之所以快乐，是因为我很容易原谅自己的错。我觉得，正是因为犯了太多错，我才得到很多次练习的机会。我敢保证自己绝不是故意犯错的，我真的尽力而为了，我的工作责任心与标准跟别人一样高，所以这种自我原谅的态度与所谓的降低标准完全无关，只是面对现实而已。就跟所有的人一样，我肩负许多责任，就好像同一时间用几十个球表演杂耍一样，所以要保证不犯错，几乎是不可能的。

你是否觉得这样看待错误，有时候的确会让你释然一些？换句话说，即使犯了最愚蠢的错误，这种人生哲学也能帮助你保持冷静的观察力和幽默感，让你不至于垂头丧气。与其说“我是个笨蛋”，不如说“这不过证明我是个普通人罢了”！

职场万花筒

犯过错，难道就没勇气面对未来了？

杰克是一家大型金融机构的理财经理。10年前，一位客户特地要求他将全部资金投到英特尔公司的股票上，杰克出于自然的反应，说服客户不要投资个股，建议他将钱投到共同基金上。

显然，杰克的建议让他的客户失去大笔的收入，而他已不知道跟多少客户作过类似的建议，最后他变得沮丧而自暴自弃，甚至换了职业。而这只不过是因为他不能原谅自己。他的朋友、同事甚至客户都告诉他，他在当时的决策是很实际的，而且以一般的标准来看，他们的收益也都不错，他本应该引以为傲。然而，他仍然不能原谅自己，他失去了开放的心态，听不进任何道理。

幸好，一位心理专家告诉他这句话：我们很容易看清楚过去犯的错误，但任何人都没有一颗预知未来的水晶球。经过认真的思考后，他终于原谅了自己的错误，重新回到他喜欢的金融行业。

有些错误显然是不可原谅的，例如航空人员的误操作或是医生的误诊，结果很可能导致死亡的严重后果。但我们大多数人犯的错是无关生死的，这些不过是“小事”，却被夸张为“大事”。的确，一些小错误会造成不方便、冲突或额外的工作，或像前面这个例子一样“昂贵”，但这又有什么好大惊小怪的呢？难道谁的生活中有过完全美好，毫无麻烦的时候吗？

没有人喜欢犯错，但是我们却可以很坦然地接受错误，把它当作生命中不可避免的事。学会原谅自己，所有的压力就能消失无形，我们也会变得更快乐。所以我的建议很简单：原谅自己吧，因为你是人！

事情如意的时候，你喝采了吗

如果你平时留心听听别人的对话，你会发现许多谈话都局限于或至少倾向于一些固定的主题：工作中的问题、社会的病态、生活中的障碍、人际交往中的不公平或争执。这些话题的焦点都集中在负面情况上，大部分是在谈论别人的错误，从这些对话来看，我们的工作和生活环境困难重重，没有任何事是完美的。

但是，你是否曾经停下来为事情进展顺利喝采呢？很惊讶吧！想想看，成千上万的事都在顺利进行着，没有任何麻烦出现，社会在有效运转，电力通讯正常，屋顶不会漏水，同事很能干，日程表紧凑有致，而且，我们每天还能碰见许多友善的人，太多事都是顺顺利利的。但对大多数的事情，我们都认为是理所当然，反而特别注意那些例外。或许我们认为，多注意错误的情况，事情就会顺利一些，许多人还会很担心，如果他们容忍出错，就会有更多的事出问题——事实上这并不是真的。

我经常旅行，也常常听到人们抱怨飞行中的种种问题。的确，我也有些可怕的经验，如班机延误或取消、行李遗失、旅客超员、订错位子等，但大多数时候我都能准时或近乎准时地抵达目的地，这的确令人吃惊。何况还有交通阻塞、行程紧密、天气状况、科技问题在捣乱，能有这样的结果真是不容易呢！有时候，早上我在北加州的家里起床，而在晚餐之前，我已经手提行李安全抵达纽约市了。我想对所有经常旅行的生意人来说，这一点都不假。

你听过别人赞美航空公司吗？如果你听过，那一定是例外。当班机误点时，我们会生气又沮丧，而不会去想想其实每个人都在尽力而为，偶尔的误点是免不了的。这个观点用在日常工作中也一样行得通，绝大多数人都是友善、愿意助人、有礼貌的，你所听说的那些粗鲁无礼、不能胜任工作的人只占少数。一个人一天当中可能要完成 12 件事，其中有 11 件事是顺利完成的，然而，只有那件失败的事会成为他晚餐桌上的话题。

我并不否认，的确有许多问题亟待解决，我们也经常不得不面对争端、失望、不合格的成果、遭到别人拒绝等情况。然而我们似乎太习惯事事顺利了，总是期望达到完美状态。如果我们得不到想要的结果，就会变得抓狂。

我想最聪明的做法是把眼光放远一点。当我提醒自己注意那些如意的事时，的确能更有勇气面对出错的情况。下一次当事事如意时，请你在心里暗暗喝采，这会让你的心胸开阔，视野更广大，也更不会为小事抓狂了。这条建议对我很有用，我想对你来说一定也是如此。

学会与混乱和平相处

我很喜欢这句格言：混乱是自然的律法，秩序是人类的梦想。这个句子给了我不少灵感。每当我感到周围混乱不堪或压力巨大时，它能让我的心灵放松，使我感到安慰，用在每天的工作当中也很有效。

“混乱是自然的律法”，这句话不管在哪里都适用。人们来了又去，潮流起了又退，利害关系与欲望不断地起冲突，改变经常发生，也必然会发生。电话总是会响，命令与要求总是等着你，一叠公文总是放在你桌上；虽然你已经尽力做到公平了，还是会有人认为你有所偏颇；一个计划还没有完成，另一个又来了；一个人升官了，高兴得不得了，另一个人被开除了，既生气又伤心。你想要帮忙，却只让事情变得更糟。人们总是很困惑、沮丧，压力巨大。就在你以为可以松口气时，又有一盆冷水泼下来了。

不论自然的律法如何，人类都希望至少能有些秩序感。我们喜欢让事情维持原貌，为将来作计划，尽力保持平衡，没人喜欢混乱。因为混乱只是一种存在的状态，毫无意义可言。但是，不论你多努力，混乱都会出现在你身边。

不过，当你懂得与混乱和平相处时，一些奇妙的事就会发生，当你学会在混乱的环境中不受影响时，你就能控制环境，也能计划将来，并保有相当程度的镇定、幽默与洞察力。关键在于，你要学会包容混乱，而不是与它抗争。换句话说，接受事情的真相，而不要期望事情一定要照你的想法做。我们一定要想明白，混乱是一种自然的律法，就像地心引力一样不可避免，那样就能用一种新的眼光看事情了。与其被混乱打败，唠叨不停，不如平静地对自己说声“又开始混乱了”，之后听之任之。面对混乱，这是最不费力的方法。

职场万花筒

面对混乱，她必须学会保持冷静

爱丽丝在一家医院的急诊室担任夜班工作。我问她，混乱对她的意义是什么？她说：“有时候每一分钟都是梦魇。一个人抬了进来，他被枪射中了；另一边的人则是出了严重的车祸，有时候我们必须考虑一下谁的状况更紧急。每个人都伤得很严重，到处都看得到惊慌失措、毫无秩序和担忧的眼泪，在同一时间，每个人都需要你帮忙时，你该先帮助谁？”

“我们有我们的政策，但有时候不一定公平。你常会看到有人对我大吼大叫，而我则忙得不可开交。但是，在混乱当中，我学会了保持冷静，至少在大多数时间是如此。最重要的是，你如果不这么做就会疯掉，最后受苦的还是病人。”她的形容让我对混乱有了更新一层的认识。

虽然我碰到的状况没有爱丽丝那么严重，但我已经明白混乱是生活中必然出现的事。我还是不喜欢混乱，也尽可能消除混乱，或是想办法把它降到最低程度，但我已学会与它和平共处。生活不会总像我们预期的那样秩序景然，毫无差错。生活就是这样，不接受也不行！

当我能接受混乱是一种常态时，结果让我很惊讶。许多过去会让我抓狂的事，现在都不会影响我了，它们不过是混乱的一部分而已。生命中已经有许多需要我们努力去掌控的事，我们不需要为一些不能掌控或不能避免的事做无谓的挣扎，混乱就是其中最重要的一项。或许你也可以打开心胸，接纳混乱的本来面貌。如果你这么做，你就很少会被这些事情干扰了。

做一个不被工作“掏空”的人

被掏空而耗尽能量的工作方式，是现代人面临的一个十分严重、也深具破坏性的问题。说得直接一点，人们已经受够了拼命工作的生活，他们渴望过更美好的、不同的生活。当然，我没有办法能保证你的能量不被耗尽，但还是有些小技巧可以让你运用。

这些技巧的关键，在于保持平衡与成长。如果你跟没被工作“掏空”的人谈话，你会发现他们都能保持平衡，而且不断地学习、成长。也就是说，他们不但很努力地工作，在事业上追求卓越，同时也有个人的生活空间。他们喜欢花时间跟朋友、家人在一起，经常运动，有个人嗜好。他们重视休闲的时间，也努力在工作之余为社会效力。除此之外，一个没被掏空的人很注意个人的成长，不只是专业上的，还有心灵与情绪上的成长。他们会重返校园，学习新的东西。他们的心胸是开放的，他们努力克服自己的盲点，对提高生活品质有强烈的兴趣。此外，他们保持旺盛的好奇心，也乐于倾听别人说的话。

这些人是用积极正面的态度去避免耗尽能量的。他们会培养其他兴趣，尽量善用工作以外的时间，以便找到不同的生活意义，让自己的心灵成长。事实上，一个人如果能在工作以外过着充实而满足的生活，也能将奇妙的新点子带入工作中。

如果你的生活中只有工作，就算它能满足你，最后你也会耗尽能量。如果你在一件事上花的心思太多了，就会变得呆滞、因循守旧、毫无趣味。想想看，如果你只吃一种食物，一天又一天，一年以后你会变成什么样？这跟你喜不喜欢这种食物没有关系，你就是会生病；还有，一直看你喜欢的电视节目，一遍又一遍，最后会怎样？很无聊吧！

职场万花筒

生活恢复平衡后，他找回了原来的工作状态

在安德鲁感觉自己被掏空之前，他已在一家公司工作了15年。除了工作，他找不到任何话题。他从不参加任何运动，朋友也很少（也没时间跟朋友在一起），不养宠物，也没有真正的嗜好。因为他的全部世界就是工作，他猜想这就是他能量耗尽的原因。他不知道该怎么办，变得很沮丧，最后只好辞职了。

辞职后，安德鲁开始尝试一些以前从没做过的事，觉得很开心。他读了一些书，每天有固定的散步时间，还参加瑜伽课程。“我不只享受到生活，更碰到一些有趣又善良的人。”这是他有生以来第一次享受自己的生活。他的热忱又出现了，被掏空的感觉消失，洞察力也增强了。

他觉得自己好多了，便打电话和从前的老板聊一聊，幸运的是，他以前的公司还没找到适合的新人，于是他们又给了他原来的工作，而他满怀感恩地接受了。他现在知道了，他的工作并没有问题，而是他的生活失衡了。他决定去做些他喜欢的事，甚至找到更多的兴趣。

有很多人会用一个很老的借口来推辞说：“我没有时间享受生活。”在我看来，这是目光短浅的看法，对你的生活与工作都很不利。事实上，对大多数人来说，如果你没有“生活”可言，被掏空只是迟早的问题。所以你要问问自己：“我这样拼命工作，过着失衡的生活有意义吗？是不是该花些时间做些别的事，让自己放松一点好呢？”

就算你是个 100% 的工作狂，或是不得不多花一些时间工作，你也必须将平衡的生活当作最起码的目标。要开始这么做，你就要在工作之外排出优先级。如果你必须挑选，哪一件事是最重要的？是做义工还是静坐冥想？或是你的心灵成长更重要？你该跟伴侣、孩子、朋友定一下聚会时间吗？还是该定期做些其他运动呢？无论是什么，看看你的日历，找出时间来吧！做任何事都比没事做要好。

我记得我刚开始慢跑时，唯一能找到的时间是早上，而且是太阳出来之前的清晨。所以我就这么做了。有些健身俱乐部是 24 小时开放的，只要你有心去做，总会找到方法。或许你可以在周末去做义工，我就是利用这个时间做公益活动的。你也可以利用泡澡的 30 分钟松弛一下，看一本很棒的小说。

许多人利用的是午餐休息时间。你可以利用这段时间在餐厅看电视，也可以练习一下静坐冥想。这是你自己的选择。如果你一周工作五天，一年下来你就有 260 个午休时间，利用这些时间，你都可以学会说一种外国语言、练出好身材、精通瑜伽或完成其他有意义的事了。无论你爱做的是什么，都很值得去做。这些事能帮助你保持平衡与心灵的成长。用不着说，平衡感能让你的生活更快乐。更重要的是，你不会再有被掏空的感觉了。真的就是这么简单呢！

告别旧有模式，迎接全新的生命转型

如果你想要摆脱窠臼，重新享受生活，或是要有一个崭新的开始，这是个很有帮助的策略。奇妙的转型就是一个新开始。这会让你从老旧的思想与行为中解放出来，换上积极正面的心态。这样的转型来得很奇妙，通常会在你最没有期盼时出现。换句话说，就像是学骑脚踏车一样，在前一秒你还不会，下一秒你就懂了。

这种转型可以以任何形式出现，也可能是你面对的许多问题导致的结果。它可能源于放弃一项恶习，也可能在你改变一种不利于自己的心理或行为时发生。

检视自己的负面行为，就是最简单的转型方法。比如你有酗酒的毛病，你可能会想要变成一个不喝酒的人；如果你总是迟到，你会希望变成一个守时的人；如果你没有耐性，你可能希望变成一个以耐心出名的人。有一次我跟一个人在一起谈话，他突然发现自己老是吹毛求疵，但他却像是第一次知道那样惊讶。我记得他说："我不敢相信我老是这样子。"这样的转变会让你的生活焕然一新，有时候就像是你突然理解了另一个空间的思想。当你决定要改变自己时，它很快就会发生了。

积极正面的转型是一种生命的蜕变。不只是你的观点改变了，你的弹性也会增加，你可以来去自如，随时改变。一个以往毛躁的人转型成一个沉着的人，会将这蜕变的经验植入他的记忆中，每当他觉得沮丧，就可以回想起这转型的经验，再找回力量，改变自己。一旦你经历过奇妙的转型，你的自信就会加强。

我的一生经历过许多的蜕变与转型，我希望能有更多的转型经验。而其中有一项是我印象特别深刻的。

职场万花筒

一生中第一次，我不理会别人的批评

我对别人的批评向来很敏感。如果有人跟我说些什么，我就会觉得受到了攻击，通常我会立即反击回去或产生抗拒心理，为自己的行为与立场抗争到底。

大约15年前，我的心境突然改变了，也可以说是一种转型吧。那时我站在厨房里，背后传来批评我的声音，我的第一个反应是想跳起来大骂回去。我的头脑快速地转动，就跟以前一样。但是，不知道为什么，我突然认识到这个问题出在我自己身上。一生中我第一次发现，我要如何应对，完全是由我自己决定的。

我可以让自己成为一个思考者。换句话说，我明知这些批评是针对我而来的，但如何回应、要不要把它放在心上，却由我的思想决定。没有我的认同，批评就失去效力了，就好像支票没有签字盖章就不能算数一样。与其觉得被批评伤害了，何不当它是耳边风呢？

这也是我一生中第一次不理会别人的批评，继续走自己的路，没有受伤的感觉，或采取自我防御的行为或报复的手段。我并不是假装没被伤害，而是真的没有被伤害到，我只是受到了批评而已。从那天感受到这奇妙的转型经验时起，我就不再被批评所干扰了。当然，我的经验只是无数可能发生的转型过程之一，你也会有自己的独特体验。

要转型或蜕变，首先要明白自己是可以作选择的。我愿意跟你分享我的经验与故事，是因为一旦你知道转型是可能发生的，你就会不由自主地期望转变自己。当你沮丧时，你会听到自己说："我知道可以从另一个角度来看（或体验）这件事。"有这样的意识或希望，就表明你愿意打开另一扇门，从另一个角度来看冲突、困难和问题。我鼓励你打开心门，迎接无穷的可能性，从而体会到奇妙的转型经验。

大胆提出要求，淡然看待结果

有一句老话说：“如果你不开口要求，就不会得到你想要的东西。”从某个角度来说，这确实没错。毕竟，如果你的老板并不知道你想升职，或没发现你应该升职了，你就不能怪他没为你着想；如果你想跟心仪的女孩共进午餐，你不鼓起勇气提出邀请，对方不会主动凑过来；如果你要推销什么东西，当然更得寻找一切时机给自己制造更多机会。但是，这个“想要就开口”哲学的唯一问题，是没有算计到大多数时候，就算你真的提出要求，或认为自己该得到回馈，却不一定奏效。所以，这句话实际上造成了很多的苦恼。

坚持要满足自己的欲望，可能就是潜在的压力来源。有勇气提出要求固然很重要，但你对结果也一样坚持的话，很可能一生都会活在沮丧与失望中。你会觉得只有得到那件东西，或是生活完全顺你的意才会高兴。其实，不把结果与要求放在一起，这才是一种“双赢”的局面。你可能会得到你想要的东西，如果得不到你也能接受。这样，你在大多数时候都会是快乐的。

要能将结果与要求区分开来，关键在于不要把事件“个人化”。换句话说，你要把被拒绝当作是很正常的事，不要觉得是针对你来的。比如你要求加薪，但公司接不接受完全要依情况而定——公司预算、其他员工的反应、部门规章等都会对结果造成影响。推销东西也一样，你很想卖出去，但客户却不一定想买。谁规定了你要卖对方就一定得买呢？

职场万花筒

“只要尽力了，就没有关系”

丹尼斯是一家连锁商店的会计师，他很喜欢自己的工作，只有一件事例外：办公室的环境。他的办公室在这栋大楼的中央。他告诉我：“并不是很糟，只是没有窗户。我觉得如果有自然光，我会工作得更好。”问题是，整个公司只有几间办公室是有窗子的。

丹尼斯决定要采取行动。他问老板要怎样才能换办公室，他说他很喜欢自己的工作，也很感激公司给他工作的机会，但他有一点幽闭恐惧症，想换到有窗户的办公室里。一两个星期以后，他又写了一张感谢卡给老板，谢谢老板倾听他的意见，老板也表示愿意考虑处理。这封信不是用命令或威胁式的语气写的，只是一张很普通的感谢卡而已。

最近我又碰到丹尼斯，他的办公室还是没搬。但是他说没有关系，因为他已经尽力了，而且他的老板已经在很多场合提起这件事了。只要一有机会，他就能得到新办公室，对此丹尼斯觉得很有自信。我喜欢他的故事，它显示出一种积极和乐观的精神，其间的智慧就在于提出你的要求，却不要坚持结果一定如你所愿。

回想我的职业生涯，我曾经打过几百个电话，也写过上百封信，但对方却没有回信或回电。我知道这些人都很忙，他们所做的承诺已太多，实在没法一一回复，与其觉得沮丧，我宁可将精力集中在感激那些给我回信或回电的人身上。**不断地尝试，同时把得失心丢开，我想这是我成功的关键。**

有些时候，试着将心比心也对你会有帮助。许多年前，我去找一位名医看病，却被拒绝了，因为他不接受新的病人。我解释了很久，却没有效果。最后我以很不耐烦的口吻对护士说：“听着！我真的必须见他！难道你就没有别的法子吗？”她冷静又礼貌地回答我说：“我真的很抱歉，卡尔森先生，但是等着要他看病的预约已经排到三年后了。他一星期工作六天，一天十一个小时，五年来从没有休过假。他已经尽力而为了，但他也希望能和平常人一样过日子。”听了他的工作时间表，我觉得自己的忙碌算不了什么了。

当你提出要求，却不那么坚持结果时，还可能给你带来一些意外的好处。几年前的一个晚上，由于飞机延误，我抵达酒店时已经很晚了。虽然我预订了房间，但酒店客人已经超负荷了。在我前面那个人气愤地威胁着要他预订的房间，他咆哮着，大发脾气，却没想到这并不是前台人员的错，也不是冲着他来的。

我走到前台，轻声地说：“我了解你们的困难，我不是要来抱怨的。既然事情已经发生了，我会接受，但希望你们也能帮我的忙。我知道你们没有空房，但能不能帮我找一家邻近的饭店？”我没有坚持要求一定要住在那里，因为刚刚已经看到坚持是毫无用处的。前台人员很亲切地道了歉，然后说她有个好消息要告诉我。她刚才看了一下客房数据，一位客人临时退房了，那是整个酒店最大、最舒适的一间！而且，因为我的耐心配合，她愿意给我较低的折扣。

问题是，为什么她不跟前一个生气的客人说这个好消息呢？他在我前面，而且急得要死。我想这个答案很明显。是他的坚持把她推开，甚至造成她的“一时忘记”。我跟她说话时，她比较轻松，也没有压力，于是想起还有空房的事，而我也多了几个小时的睡眠时间。这就是“放下得失心”的意外惊喜。

"生活体验"源于内心

变成平静、安详又自在的人，可能是许多人的毕生追求。在我看来，最重要的是要了解你的生活体验是由内而外形成的，而不是一般人认为的由外而内。

职场万花筒

同样是堵车，他们的反应却如此不同

我的好朋友、与我合著《放慢生活步调》的乔·贝利，曾经参加过一项实验，在交通高峰期的公路上采访一些行色匆匆的车主。交通堵塞常被认为是受人痛恨的头号问题，在许多压力测试中也被看作是压力的主要成因，但是乔却想要告诉人们，其实我们感受到的压力跟交通堵塞无关，是我们的思想在给自己制造压力。在面对交通堵塞时，我们有权利选择自身的想法，不把自己看成是交通堵塞的牺牲者，对于其他的事也一样。

他所得到的回应，就跟开在路上的车辆一样五花八门。许多人面红耳赤，大发雷霆，觉得烦透了，有些人甚至对乔和摄影机大吼大叫；另外一些人则显得一派轻松，平静地接受现状。有些人利用

> 这些时间听听音乐和广播，或者打打电话，有人还说，堵车的时间是一天当中“最好的时光”，因为只有这一段时间他们可以完全独处。在这段时间，他们终于可以慢下来，放轻松，没有人会来叫他们做些什么。

这些人中的大部分都刚刚结束一天的工作，他们大概都很累了。他们身处同一条车龙，耽误的是同样的时间，没有任何人得到好处，大家的待遇都相同。如果交通问题真的是压力的主因，那么每个人都会感受到一样的压力，事实上却并非如此。

这个实验显示，我们的生活经验确实源自我们的内心。你有权利选择自己的响应方式，不仅仅对于交通堵塞，对于任何会带来压力与困扰的事件都是一样。如当你转变思想时，你所感受到的压力程度也转变了。与其坚持说人生带给你种种压力与困难，不如放松自己，不要受影响。做到这一点并不容易，但是你会从中看到希望。就算你真的碰到挫折，这也能让帮助你从另一个角度看事情。毫无疑问，你会比以前更轻松地度过难关。

在我们的生命中，的确有些事情之间存在必然的因果关系。如果你从五十层楼跳下来，必死无疑；如果你将手放在火炉上，一定会受伤；如果你将一块软木塞放在湖底，最后它总会浮出水面。这是自然的律法。

然而，大多数人在面对日常事件，包括交通问题、工作困难、人际冲突、人为的错误、工作交期、受到批评等情况时，也倾向于用这种类似的因果观念来理解。就像火会烧伤人一样，我们假设这些问题必然会带来压力与愤怒。交通问题是令人沮丧的，受到批评一定会想要自卫，犯错就会消沉，凡此种种。我们以为这些事造成我们的压力与愤怒，但是事实并非如此。

了解我们的生活体验源自内心，能为我们开拓全新的视野，用不同的角度看待人生中必然出现的困难与麻烦。我们无法改变实质的世界，但我们永远有能力改变自己的思想与态度。我希望你能好好考虑这个方法，从内在改变自己看待世界的方式，这将会给你的人生带来极大的改观。

记住：小事常常在发生

在这本书快要结束之际，我觉得还要提醒你一个关键性概念：小事常常在发生。换句话说，你可以将这本书中提供的方法都记下来，经常加以练习，让自己变成一个真正平静的人，但不论你是谁，你有多成功、多忙碌，你一定还是会碰到许多可能让你抓狂的“小事”。不断提醒自己这一点是很重要的，因为你可能会相信，当你内心的智慧与洞察力提高了，或是态度更积极主动了以后，你就不必再承受日常生活中的纷乱。问题不在于我们需不需要处理这些纷乱，而在于我们用什么样的态度去面对它。如果你经常练习，你会发现过去干扰你的小事现在变得没什么大不了了，相反地，这些事会变成真正的小事。

即使在今天，我还是会因为一些小事而觉得沮丧，这时我总会想起父亲说过的一句话，也可以提供给大家参考：“生活就是源源不断的事件。”的确如此！你才刚处理完一件事，另一件事就在等着你了。你平息了一项冲突，下一个又发生了；解决了一个问题，就像变魔术一样，另一个问题又出现了；一个人喜欢你的工作表现，但为了讨好他，你却得罪了另一个人；你的报告快完成了，其中有个错误必须修改，这时你的电脑死机了。这都是生活的真相，不可能改变。

当你向生活的真相投降，承认小事常常在发生，生活就是充满了冲突、选择、要求、渴望与不可预期的事，你会变得平静许多，也更能掌握生活。过去让你生气抓狂的事现在不会影响你了，你将用新的角度看问题，不会再浪费宝贵的精力去跟无法改变的事争斗，你会保持冷静，尽力而为，然后踏踏实实地向前迈进。

据我所知，这世上并没有什么忘忧药能让你的生活毫无困难，工作一帆风顺。但我确定，只要你敞开心胸，扩大视野，你就能从容面对生活，发挥出你最大的潜能。

不要为退休而活

许多人会不自觉地谋划将来的退休生活。他们总是想着，当卸下了工作重担，生活会有多么惬意，许多人甚至每年、每月、每天计算着离退休还有多久。他们将喜悦、满足、舒适的事都延迟到“以后”再享受，就像是在服一项名叫“时间”的刑，耐心地等着自由时刻的到来。

当然，不是每个人都表现得这么明显。许多人只是单纯地期望未来的生活比现在更好，有时做做白日梦，或是跟同事、朋友聊天，说起“总有一天”会比现在好——当我们退休了，有钱了，自由了，更聪明了，有时间旅行了的那一天。

我对这个话题很敏感，因为所谓的“总有一天会变好”的想法会让你陷入漫长又疲惫的工作生涯。你不能享受每天的生活，不能接受新的挑战与机会，不能与人分享快乐，也不能从工作中学习并受到启发，你过的是一种让生命等待的生活方式，这会使你陷入一种不愉快的情绪中，觉得自己很可怜。

另一个重要的理由是，如果你对退休后的生活期望过高，当那一天真的来临时，你难免会觉得失望。我们之前一直相信，自己过的是不快乐的生活，我们得等到情况改变了才行。于是我们等呀等，等过了几千小时，等过了几十年，一直停留在同一种思想状态中：等“那一天”真的来临时，我们就会觉得满足又快乐。

伟大的那一天终于来临，你退休了。在欢呼万岁之后，你突然发现问题又来了。我们都知道“积习难改”这个成语。如果你有抽烟或口吃的毛病，不可能一天就戒掉；如果你总喜欢吹毛求疵或自我防御，也很难改变；如果你爱吃零食，又不喜欢运动，一下子也不容易建立起新的生活规律。在大多数情况下，许多人干脆就放弃了努力。要改变实在是太难了！

我们究竟为什么会认为，将来我们的思想习惯就会不同？其实改变思想才是最难的呢。我们天天被自己的思想控制着，倾向于采取同一种想法，而且很难再找到另一种模式。如果你花了一年又一年的时间来想现在的生活不够好，而将来会更好，那么当退休时刻真的来临时，你不可能一下子就改变自己的思想，突然认为现在就是最好的时刻，或是生活突然变成完满无缺了。不可能！这样的事不可能一夜之间发生，相反的情况倒会出现。你的脑海中还是会想着，未来有更好的东西等着你。一旦你习惯用这样的想法看待生活，你就不可能在外界的生活改变时，立刻随之改变自己的想法。

我相信更好的方法是，每天早上醒来，用这句话提醒自己：“今天是我余生中的第一天！”不管你做的是什么工作，都要尽力而为，将你最大的潜能发挥出来。记住，每一天都是平等的，你现在的生活，与未来或退休之后的生活并没什么两样。如果你真的这么做，当退休的那一天来临时，不管是一年之后还是二十年之后，你一定已经领悟了快乐的秘诀：这世上没有幸福快乐的独家秘方，它只是一种习惯而已，一种成为你第二天性的习惯。

所以，大胆地向前走，期待一场精彩的退休生活吧！早点作计划，好好地做。但是在前进的途中，别忘了每天享受一下生活。最后我还是要说，但愿这本书对你有帮助，而我在这里送上我的爱、尊敬与祝福。

珍惜你自己！

短信查询正版图书及中奖办法

A．电话查询

1．揭开防伪标签获取密码，用手机或座机拨打 4006608315；

2．听到语音提示后，输入标识物上的 20 位密码；

3．语言提示：你所购买的产品是中资海派商务管理（深圳）有限公司出品的正版图书。

B．手机短信查询方法（移动收费 0.2 元 / 次，联通收费 0.3 元 / 次）

1．揭开防伪标签，露出标签下 20 位密码，输入标识物上的 20 位密码，确认发送；

2．发送至 958879(8)08，得到版权信息。

C．互联网查询方法

1．揭开防伪标签，露出标签下 20 位密码；

2．登录 www.Nb315.com；

3．进入“查询服务”“防伪标查询”；

4．输入 20 位密码，得到版权信息。

中奖者请将 20 位密码以及中奖人姓名、身份证号码、电话、收件人地址和邮编 E-mail 至 szmiss@126.com，或传真至 0755-25970309。

一等奖：168.00 元人民币（现金）；
二等奖：图书一册；
三等奖：本公司图书 6 折优惠邮购资格。
再次谢谢你惠顾本公司产品。本活动解释权归本公司所有。

读者服务信箱

感谢的话

谢谢你购买本书！顺便提醒你如何使用 ihappy 书系：

- ◆ 全书先看一遍，对全书的内容留下概念 。
- ◆ 再看第二遍，用寻宝的方式，选择你关心的章节仔细地阅读，将“法宝”谨记于心。
- ◆ 将书中的方法与你现有的工作、生活作比较，再融合你的经验，理出你最适用的方法。
- ◆ 新方法的导入使用要有决心，事先做好计划及准备。
- ◆ 经常查阅本书，并与你的生活、工作相结合，自然有机会成为一个“成功者”。

<table>
<tr><td rowspan="8">优惠订购</td><td colspan="2">订阅人</td><td></td><td>部门</td><td></td><td>单位名称</td><td colspan="2"></td></tr>
<tr><td colspan="2">地址</td><td colspan="6"></td></tr>
<tr><td colspan="2">电话</td><td colspan="3"></td><td>传真</td><td colspan="2"></td></tr>
<tr><td colspan="2">电子邮箱</td><td></td><td>公司网址</td><td></td><td>邮编</td><td colspan="2"></td></tr>
<tr><td>订购书目</td><td colspan="7"></td></tr>
<tr><td rowspan="2">付款方式</td><td>邮局汇款</td><td colspan="6">中资海派商务管理（深圳）有限公司
中国深圳银湖路中国脑库 A 栋四楼　　邮编：518029</td></tr>
<tr><td>银行电汇或转账</td><td colspan="6">户　名：中资海派商务管理(深圳)有限公司
开户行：招行深圳科苑支行
账　号：81 5781 4257 1000 1
交行太平洋卡户名：桂林　　卡号：6014 2836 3110 4770 8</td></tr>
<tr><td>附注</td><td colspan="7">1. 请将订阅单连同汇款单影印件传真或邮寄，以凭办理。
2. 订阅单请用正楷填写清楚，以便以最快方式送达。
3. 咨询热线：0755-25970306转158、168　传　真：0755-25970309
E-mail: szmiss@126.com</td></tr>
</table>

→利用本订购单订购一律享受 9 折特价优惠。

→团购 30 本以上 8. 5折优惠。

续表

建材家居	**建材家居营销实务** 程绍珊　杨鸿贵　主编	价值营销运用到建材家居，每一步都让客户增值	有自己的系统、实战
	建材家居门店销量提升 贾同领　著	店面选址、广告投放、推广助销、空间布局、生动展示、店面运营等	门店销量提升是一个系统工程，非常系统、实战
	10步成为最棒的建材家居门店店长 徐伟泽　著	实际方法易学易用，让员工能够迅速成长，成为独当一面的好店长	只要坚持这样干，一定能成为好店长
	手把手帮建材家居导购业绩倍增：成为顶尖的门店店员 熊亚柱　著	生动的表现形式，让普通人也能成为优秀的导购员，让门店业绩长红	读着有趣，用着简单，一本在手、业绩无忧
工业品	**解决方案营销实战案例** 刘祖轲　著	用10个真案例讲明白什么是工业品的解决方案式营销，实战、实用	有干货、真正操作过的才能写得出来
	变局下的工业品企业7大机遇 叶敦明　著	产业链条的整合机会、盈利模式的复制机会、营销红利的机会、工业服务商转型机会……	工业品企业还可以这样做，思维大突破
	工业品市场部实战全指导 杜　忠　著	工业品市场部经理工作内容全指导	系统、全面、有理论、有方法，帮助工业品市场部经理更快提升专业能力
金融	**交易心理分析** (美)马克·道格拉斯　著 刘真如　译	作者一语道破赢家的思考方式，并提供了具体的训练方法	不论你是初入股市的新手，或是股票买卖的老手，如果你想在股市中持续一贯地获利，你都应该读一读这本关于股票交易心理学的书，它会让你超脱输家轮回、晋身市场赢家
	精品银行管理之道 崔海鹏　何屹　主编	中小银行转型的实战经验总结	中小银行的教材很多，实战类的书很少，可以看看
	支付战争 Eric M. Jackson 著 徐　彬　王　晓　译	paypal创业期营销官根据自己的亲身经历，讲述paypal从诞生到壮大到成功出售的整个历史过程	激烈、有趣的内幕商战故事！了解美国支付市场的风云巨变
服装	**赚不赚钱靠店长：从懂管理到会经营** 孙彩军　著	通过生动的案例来进行剖析，注重门店管理细节方面的能力提升	帮助终端门店店长在管理门店的过程中实现经营思路的拓展与突破

经营类：企业如何赚钱，如何抓机会，如何突破，如何“开源”

	书名．作者	内容/特色	读者价值
抓方向	**让经营回归简单．升级版** 宋新宇　著	化繁为简抓住经营本质：战略、客户、产品、员工、成长	经典，做企业就这几个关键点！
	公司由小到大要过哪些坎 卢　强　著	老板手里的一张“企业成长路线图”	现在我在哪儿，未来还要走哪些路，都清楚了
	企业二次创业成功路线图 夏惊鸣　著	企业曾经抓住机会成功了，但下一步该怎么办？	企业怎样获得第二次成功，心里有个大框架了
	老板经理人双赢之道 陈　明　著	经理人怎养选平台、怎么开局，老板怎样选/育/用/留	老板生闷气，经理人牢骚大，这次知道该怎么办了
	企业文化的逻辑 王祥伍　黄健江　著	为什么企业绩效如此不同，解开绩效背后的文化密码	少有的深刻，有品质，读起来很流畅
	使命驱动企业成长 高可为　著	钱能让一个人今天努力，使命能让一群人长期努力	对于想做事业的人，‘使命’是绕不过去的
	从老板驱动到组织驱动：一位咨询师的企业管理变革实录 金国华　著	第一次详尽阐释中国快速成长型企业的特点、问题及解决之道	帮助快速成长型企业领导及管理团队理清思路，突破瓶颈
思维突破	**跳出同质思维，从跟随到领先** 郭　剑　著	66个精彩案例剖析，帮助老板突破行业长期思维惯性	做企业竟然有这么多玩法，开眼界
	7个转变，让公司3年胜出 李　蓓　著	消费者主权时代，企业该怎么办	这就是互联网思维，老板有能这样想，肯定倒不了
	麻烦就是需求　难题就是商机 卢根鑫　著	如何借助客户的眼睛发现商机	什么是真商机，怎么判断、怎么抓，有借鉴
	重生战略：移动互联网和大数据时代的转型法则 沈　拓　著	在移动互联网和大数据时代，传统企业转型如同生命体打碎与再造，称之为“重生战略”	帮助企业认清移动互联网环境下的变化和应对之道
	互联网思维下的企业战略转型 李　蓓　著	本书阐述了传统企业在互联网思维下的战略转型之路：重新定义产品——重新寻找客户——重新发现价值	利用互联网思维结合自己已有的竞争优势，你也可以创建一个有着无限成长空间的新企业

续表

管理类:效率如何提升,如何实现经营目标,如何“节流”			
	书名．作者	内容/特色	读者价值
通用管理	1. 让管理回归简单．升级版 2. 让经营回归简单．升级版 3. 让用人回归简单 宋新宇　著	宋博士的“简单”三部曲,影响20万读者,非常经典	被读者热情地称作“中小企业的管理圣经”
	边干边学做老板 黄中强　著	创业20多年的老板,有经验、能写、又愿意分享,这样的书很少	处处共鸣,帮助中小企业老板少走弯路
	阿米巴经营的中国模式 李志华　著	让员工从“要我干”到“我要干”,价值量化出来	阿米巴在企业如何落地,明白思路了
	欧博心法:好管理靠修行 曾　伟　著	用佛家的智慧,深刻剖析管理问题,见解独到	如果真的有‘中国式管理’,曾老师是其中标志性人物
	1. 用流程解放管理者 2. 用流程解放管理者2 张国祥　著	中小企业阅读的流程管理、企业规范化的书	通俗易懂,理论和实践的结合恰到好
	跟我们学建流程体系 陈立云　著	畅销书《跟我们学做流程管理》系列,更实操,更细致,更深入	更多地分享实践,分享感悟,分享从实践总结出来的方法论
人力资源	回归本源看绩效 孙　波　著	让绩效回顾“改进工具”的本源,真正为企业所用	确实是来源于实践的思考,有共鸣
	曹子祥教你做绩效管理 曹子祥　著	复杂的理论通俗化,专业的知识简单化,企业绩效管理共性问题的解决方案	轻松掌握绩效管理
	把招聘做到极致 远　鸣　著	作为世界500强高级招聘经理,作者数十年招聘经验的总结分享	带来职场思考境界的提升和具体招聘方法的学习
	走出薪酬管理误区 全怀周　著	剖析薪酬管理的8大误区,真正发挥好枢纽作用	值得企业深读的实用教案
	集团化人力资源管理实践 李小勇　著	对搭建集团化的企业很有帮助,务实,实用	最大的亮点不是理论,而是结合实际的深入剖析
	人才评价中心．超级漫画版 邢　雷　著	专业的主题,漫画的形式,只此一本	没想到一本专业的书,能写成这效果
	我的人力资源咨询笔记 张　伟　著	管理咨询师的视角,思考企业的HR管理	通过咨询师的眼睛对比很多企业,有启发
	本土化人力资源管理8大思维 周　剑　著	成熟HR理论,在本土中小企业实践中的探索和思考	对企业的现实困境有真切体会,有启发
企业文化	华夏基石方法:企业文化落地本土实践 王祥伍　谭俊峰　著	十年积累、原创方法、一线资料,和盘托出	在文化落地方面真正有洞察,有实操价值的书
	企业文化的逻辑 王祥伍　著	为什么企业之间如此不同,解开绩效背后的文化密码	少有的深刻,有品质,读起来很流畅
	企业文化激活沟通 宋杼宸　安琪　著	透过新任HR总经理的眼睛,揭示出沟通与企业文化的关系	有实际指导作用的文化落地读本
生产管理	高员工流失率下的精益生产 余伟辉　著	中国的精益生产必须面对和解决高员工流失率问题	确实来源于本土的工厂车间,很务实
	车间人员管理那些事儿 岑立聪　著	车间人员管理中处理各种“疑难杂症”的经验和方法	基层车间管理者最闹心、头疼的事,‘打包’解决
	1. 欧博心法:好管理靠修行 2. 欧博心法:好工厂这样管 曾　伟　著	他是本土最大的制造业管理咨询机构创始人,他从400多个项目、上万家企业实践中锤炼出的欧博心法	中小制造型企业,一定会有很强的共鸣

续表

生产管理	**欧博工厂案例1:生产计划管控对话录** **欧博工厂案例2:品质技术改善对话录** **欧博工厂案例3:员工执行力提升对话录** 曾　伟　著	最典型的问题、最详尽的解析,工厂管理9大问题27个经典案例	没想到说得这么细,超出想象,案例很典型,照搬都可以了
员工素质提升	**跟老板“偷师”学创业** 吴江萍　余晓雷　著	边学边干,边观察边成长,你也可以当老板	不同于其他类型的创业书,让你在工作中积累创业经验,一举成功
	销售轨迹:一位快消品营销总监的拼搏之路 秦国伟　著	本书讲述了一个普通销售员打拼成为跨国企业营销总监的真实奋斗历程	激励人心,给广大销售员以力量和鼓舞
	在组织中绽放自我:从专业化到职业化 朱仁健　王祥伍　著	个人如何融入组织,组织如何助力个人成长	帮助企业员工快速认同并投入到组织中去,为企业发展贡献力量
	企业员工弟子规:用心做小事,成就大事业 贾同领　著	从传统文化《弟子规》中学习企业中为人处事的办法,从自身做起	点滴小事,修养自身,从自身的改善得到事业的提升

营销类:把客户需求融入企业各环节,提供“客户认为”有价值的东西

	书名．作者	内容/特色	读者价值
营销模式	**变局下的营销模式升级** 程绍珊　叶宁　著	客户驱动模式、技术驱动模式、资源驱动模式	很多行业的营销模式被颠覆,调整的思路有了!
	卖轮子 科克斯　【美】	小说版的营销学!营销核心理念巧妙贯穿其中,贵在既有趣,又有深度	经典、有趣!一个故事读懂营销精髓
	弱势品牌如何做营销 李政权　著	中小企业虽有品牌但没名气,营销照样能做的有声有色	没有丰富的实操经验,写不出这么具体、详实的案例和步骤,很有启发
	老板如何管营销 史贤龙　著	不要认为营销就是4个P、C、R的概念游戏,揭开营销智慧助力企业成功的内在奥秘	高段位营销16招,好学好用,老板能看,营销人也能看
	动销:产品是如何畅销起来的 吴江萍　余晓雷　著	真真切切告诉你,产品究竟怎么才能卖出去!突破产品滞销困局的实战宝典	击中痛点,提供方法,你值得拥有
组织和团队	**升级你的营销组织** 程绍珊　吴越舟　著	用“有机性”的营销组织力替代“营销能人”,把营销团队变成“铁营盘”	营销队伍最难管,程老师不愧是营销第1操盘手,步骤、方法都很成熟
	用数字解放营销人 黄润霖　著	通过量化帮助营销人员提高工作效率	作者很用心,很好的常备工具书
	成为优秀的快消品区域经理 伯建新　著	37个“怎么办”分析区域经理的工作关键点	可以作为区域经理的‘速成催化器’
	一位销售经理的工作心得 蒋　军　著	一线营销管理人员想提升业绩却无从下手时,可以看看这本书	一线的真实感悟
	快消品营销:一位销售经理的工作心得2 蒋　军　著	快消品、食品饮料营销的经验之谈,重点突出	来源于实战的精华总结
	销售轨迹:一位快消品营销总监的拼搏之路 秦国伟　著	本书讲述了一个普通销售员打拼成为跨国企业营销总监的真实奋斗历程	激励人心,给广大销售员以力量和鼓舞
案例	**解决方案营销实战案例** 刘祖轲　著	用10个真案例讲明白什么是工业品的解决方案式营销,实战、实用	有干货、真正操作过的才能写得出来
	我们的营销真案例 联纵智达研究院　著	五芳斋粽子从区域到全国/诺贝尔瓷砖门店销量提升/利豪家具出口转内销/汤臣倍健的营销模式/娃哈哈联销体	选择的案例都很有代表性,实在、实操!
	招招见销量的营销常识 刘文新　著	如何让每一个营销动作都直指销量	适合中小企业,看了就能用

续表

案例	中国首家未来超市：解密安徽乐城 IBMG 国际商业管理集团　著	零售企业的未来在哪里？本书深入挖掘了安徽乐城超市的试验案例，为零售企业未来的发展提供了一条可借鉴之路	通俗易懂，行业经验丰富，宝贵的行业量化数据，关键思路和步骤
产品	产品炼金术Ⅰ：如何打造畅销产品 史贤龙　著	满足不同阶段、不同体量、不同行业企业对产品的完整需求	必须具备的思维和方法，避免在产品问题上走弯路
	产品炼金术Ⅱ：如何用产品驱动企业成长 史贤龙　著	做好产品、关注产品的品质，就是企业成功的第一步	必须具备的思维和方法，避免在产品问题上走弯路
	新产品开发管理，就用 IPD 郭富才　著	10 年 IPD 研发管理咨询总结，国内首部 IPD 专业著作	一本书掌握 IPD 管理精髓
品牌	中小企业如何建品牌 梁小平　著	中小企业建品牌的入门读本，通俗、易懂	对建品牌有了一个整体框架
	采纳方法：破解本土营销 8 大难题 朱玉童　编著	全面、系统、案例丰富、图文并茂	希望在品牌营销方面有所突破的人，应该看看
渠道通路	快消品营销与渠道管理 谭长春　著	将快消品标杆企业渠道管理的经验和方法分享出来	可口可乐、华润的一些具体的渠道管理经验，实战
	传统行业如何用网络拿订单 张　进　著	给老板看的第一本网络营销书	适合不懂网络技术的经营决策者看
	采纳方法：化解渠道冲突 朱玉童　编著	系统剖析渠道冲突，21 个最新的渠道冲突案例、情景式讲解，37 篇专题讲义	系统、全面
	学话术 卖产品 张小虎　著	分析常见的顾客异议，提出破解方案，将复杂的销售程序化，将优秀的话术模块化	让普通导购员也能成为销售精英

卓越团队打造60天培训体系

当前信息海量化，如何去伪存真，从中找到真知灼见越来越难，有些人了解了一些皮毛就以为明晰了全部，实际上却差得很远。

现在各类的心态、技能、技巧培训应有尽有，关键是最后的效果如何，如何能真正落实到工作中，避免“上课听听激动，下课想想感动，回去一动不动”的尴尬？

针对当前盲从和效果不佳的现状，慧度培训创立了“卓越团队打造60天培训体系”，在60天内，通过多维度方案、培训、考核，对团队进行彻底的改造。

慧度认为，企业的核心是人，营销与管理关键是把握人性，只有以人为本，激发员工的源动力，才能让员工实现从心态的转变到行为的转变，最终实现业绩的转变。

卓越团队打造60天培训体系，分为五大步骤：

1. 问题洞察

通过相关人员深度调研，进行团队的现状洞察、心态洞察、沟通洞察、技能洞察等，梳理企业文化，发现问题，找寻问题解决方案。

2. **目标设定**

通过问题洞察，对团队进行目标设定、职责重塑，包括领导力胜任、执行力提升、技能目标等，制定行动方案。

3. **团队成长**

进行管理工具导入、学习小组经验分享，提供学员手册、目标管理表，以及相关工具包等，进行相关的培训输出，提升工作技能和技巧。

4. **过程督导**

通过企业制度建设、流程优化、绩效考核导入等方式，让工具、方法落入人心，逐步规范团队日常运作。

5. **提升固化**

肯定团队贡献，固化团队文化，总结学习成果。

卓越团队打造60天培训体系，是集企业文化、组织管理、流程优化、人力资源管理提升、技能提升、领导力和团队管理等于一体的综合服务包，以一个事件、一个项目或一个重大管理举措为触发点，是重塑团队的一种全新服务体验，具有方案定制化、以效益为导向、方案可执行化、知识全程转移、辅导深度化等优点。